Collection "Poche-Retour aux grands textes"

1. Sénèque, *La Vie heureuse*
2. Épictète, *Ce qui dépend de nous*
3. Lucrèce, *La Nature des choses*
4. L'Ecclésiaste, *Un temps pour tout*
5. *Le Cantique des cantiques*
6. *Bhagavad Gîtâ*
7. Pétrone, *Satiricon*
8. Plutarque, *Erotikos*
9. Marc Aurèle, *Pensées pour moi-même*
10. Cicéron, *Savoir vieillir*
11. Cicéron, *L'Amitié*
12. Aristote, *Les Grands Livres d'éthique*
13. Sénèque, *L'Homme apaisé* (*Colère* et *Clémence*)
14. Plutarque, *La Conscience tranquille*
15. Juvénal, *La Décadence*
16. Sappho, *Le Désir*
17. Sénèque, *Apprendre à vivre*
18. César, *La Guerre en Gaule*
19. Q. Cicéron, *Manuel de campagne électorale*
20. Sénèque, *La Providence*
21. Cicéron, *Devant la mort*
22. Cicéron, *Devant la souffrance*
23. Cicéron, *Le Bonheur*
24. Sénèque, *Apprendre à vivre* tome II
25. *Le Livre de Job*
26. Ésope, *Fables*
27. Pline le Jeune, *Le Temps à soi*
28. Platon, *Le Souci du bien* (*Lysis* et *Charmide*)
29. Cardinal Mazarin, *Bréviaire des politiciens*
30. Euripide, *Électre*
31. Lucien de Samosate, *Dialogues des courtisanes*
32. Artémidore, *La Clef des songes* (*Onirocritique*)
33. *Chronique anonyme de la Première Croisade*
34. Rivarol, *L'Universalité de la langue française*
35. Homère, *Des héros et des dieux*
36. Anthologie, *Rome et l'amour*
37. Démosthène, *Les Événements de Chersonèse*
38. Hésiode, *Les Travaux et les jours*
39. Plutarque, *L'Intelligence des animaux*
40. Paul Nizan, *Démocrite, Épicure, Lucrèce*
41. Plutarque, *L'Ami véritable*
42. Platon, *Le Bonheur selon Socrate* (*Gorgias*)
43. Montaigne, *L'Éducation des enfants*
44. Ovide, *L'Exil et le Salut*
45. Montaigne, *L'Expérience*
46. Sulamî, *La Lucidité implacable*
47. Salluste, *La Conjuration de Catilina*
48. Plutarque, *Le Vice et la vertu*
49. Pline l'Ancien, *La Vertu des plantes*
50. Pline l'Ancien, *La Vertu des arbres*
51. Ignace de Loyola, *Exercices spirituels*
52. Claude Terreaux, *Vous reprendrez bien un peu de latin*
53. Montaigne, *Les Essais*
54. Léonard de Vinci, *Maximes, fables et devinettes*
55. Synésios de Cyrène, *Éloge de la calvitie*
56. Érasme, *Savoir-Vivre à l'usage des enfants*
57. Érasme, *Plaidoyer pour la paix*
58. Ernest Renan, *Vie de Jésus*
59. Sénèque, *Les Bienfaits*
60. Montaigne, *Le Meilleur des* Essais

Coffret *Cicéron, Les Tusculanes*
Coffret *Éros et Vénus*

LE BONHEUR

CICÉRON

LE BONHEUR

(*IVe et Ve TUSCULANES*)

Traduit du latin et présenté
par Chantal Labre

arléa
16, rue de l'Odéon, 75006 Paris

ISBN 2-86959-292-2

PRÉFACE

Retourner le négatif contre lui-même

« Les Tusculanes, *qu'un beau génie a consacrées à la morale dans la maturité de l'âge et de l'expérience [...] vaudront mieux pour les esprits cultivés que des formules artistement combinées de toniques et d'antispasmodiques. » Qui écrivait cela ? Ph. Pinel, le fondateur de la psychiatrie moderne, au tout début du XIXe siècle, en l'an IX. Souhaitant mettre fin à la séparation traditionnelle qui, depuis l'Antiquité, réservait au philosophe les maladies de l'âme et au médecin celles du corps, Pinel comprend la nécessité pour le médecin de la folie de retourner à l'étude des passions, telle qu'on la trouve... chez Cicéron : « On ne peut guère parler des passions humaines sans avoir aussitôt présentes à la pensée les* Tusculanes *», et il persiste : « Étroite union, dépendance réciproque entre la philosophie morale et la médecine [...] Cicéron, dans le IIIe et IVe Livre des* Tusculanes, *ne regarde-t-il pas les passions comme des maladies, et ne donne-t-il point des règles fondamentales pour les traiter et les guérir*[1] *? »*

Si le médecin, au XIXe siècle, veut redevenir philosophe, le philosophe, avec Cicéron, se veut en effet médecin. Tout le projet des Tusculanes *est orienté vers une thérapeutique, comme le montre la logique même de leur organisation ; guérir les deux craintes les*

1. C'est Jackie Pigeaud qui, dans plusieurs articles et dans *La Maladie de l'âme,* (les Belles-Lettres), nous rappelle l'utilité du grand retour aux anciens opéré par le précurseur de la psychiatrie.

plus fortes (la mort, dans la Ire Tusculane, la douleur du corps dans la IIe ; les « maladies de l'âme », dans les IIIe et IVe, que résume la notion vaste de « chagrin », déclinée avec science et brio dans la quatrième journée, et dont les passions sont le germe). C'est sur la thérapie possible que se clôt la IVe Tusculane : la partie théorique et critique qui précède n'existe que pour aller vers la guérison, le « bonheur », que tentera de définir la cinquième journée.

La fermeté de cette structure révèle combien Cicéron maîtrise l'immense culture qui est la sienne, et dont il sait, en génial vulgarisateur, faire profiter « l'honnête homme ». Ne répète-t-il pas à plusieurs reprises, refusant d'entrer plus avant dans les querelles trop pointues des écoles : « mais nous parlons ici le langage de tout le monde » ? De fait, l'érudition, en soi vertigineuse, des Tusculanes, cesse d'effrayer dès qu'on les lit sans préjugé (de l'effet funeste des passions, et de la crainte de la culture en particulier...). C'est qu'il n'y a ici nul étalage pédant, nulle rhétorique gratuite, mais recours aux connaissances nécessaires pour être à même d'aider autrui. Quel psychanalyste digne de ce nom aujourd'hui, d'ailleurs, oserait, s'en tenant à Freud, ignorer l'apport original d'autres psychanalystes, de l'école anglo-saxonne par exemple, avec Balint et Winnicott ? Toute thérapie s'affine, se déplace, tout thérapeute, dans sa pratique, infléchit sa ligne d'origine pour prendre, ici ou là, ce qui lui semble utile pour son patient, pour un cas spécifique ; ainsi Cicéron, adaptant avec souplesse la rigidité stoïcienne, qui reste sa ligne de référence, reconnaissant même à l'occasion l'habileté des épicuriens à traiter l'angoisse. Éclectisme sans mollesse, qu'imprègne le souci d'être efficace – de guérir –, et qui sait, comme saura le faire Montaigne, se réapproprier ses divers emprunts.

Se vouloir thérapeute, c'est donc avoir partie liée avec la science et la culture. Mais il ne s'agit pas seulement de connaître ce qui a été dit et soutenu, il s'agit d'être à même d'évaluer la cohérence interne de chaque doctrine pour mesurer son sérieux, il s'agit d'être *capable de distinguer le vrai du faux : cette aptitude, part de la philosophie, c'est la dialectique, dégagée de tout soupçon de sophistique gratuite, et dont Cicéron nous rappelle fermement ici, et avec enthousiasme, la nécessité. D'accord avec les stoïciens sur son importance il rappelle, dans le* De Finibus *(traitant du souverain bien et du mal suprême) que cette « méthode pour que nous ne donnions jamais notre assentiment au faux et ne soyons jamais trompés par une vraisemblance captieuse » est une vertu, « par conséquent ». « Véritable source qui irrigue tous les domaines de la sagesse », son éloge est repris dans la Vᵉ* Tusculane. *Elle permet, par la précision des définitions qu'elle propose, de faire advenir à l'état de notions claires et clairement exprimées ce qui n'existe chez nous qu'à l'état « d'intuition confuse » : c'est pour cet art des définitions, tant prôné dans la IVᵉ* Tusculane, *que Cicéron admire tant les stoïciens : « Ils sont, je le crains, les seuls véritables philosophes ! » Sur quoi asseoir la fermeté de l'éthique, d'une morale, sinon sur une connaissance précise des notions du bien et du mal ? La brillante formule de Rabelais – « Science sans conscience n'est que ruine de l'âme » – ne peut donc viser qu'une dialectique pervertie : pour Cicéron, elle est à la fois science et conscience :* cognitio, *c'est science et conscience, c'est savoir et savoir qu'on sait (ce qui est bien, ce qui est mal). La méthode socratique elle-même, adoptée par Cicéron, est empreinte de cette prudence* (prudentia, *prévoyance) de la raison : « suspendre son jugement, rechercher, sur toute question, l'opinion qui semble la plus proche de la vérité ». La culture entraîne la nécessité de l'*époché, *du suspens de l'opinion personnelle, pour ne pas risquer de manquer une vérité, pour éviter l'erreur.*

Le lien est donc déjà clairement posé entre santé et raison. La santé de l'âme ne peut passer que par la maîtrise des processus irrationnels. Que ces derniers existent, que l'âme ne soit pas tout entière pure raison, laissant au seul corps la charge de l'impur, certes Cicéron en est conscient ; c'est même la raison de son emprunt à Platon de la distinction entre « âme rationnelle » et

« âme irrationnelle ». Mais il croit, oui, à la possibilité pour la première de dominer l'autre. Il y croit, car de cette conviction dépendent la santé, le bonheur, c'est-à-dire, « la promesse capitale de la philosophie » (Livre V). Un optimisme émouvant, qui paraît à première vue plus proche du siècle des Lumières que du nôtre (mais peut-être serons-nous d'un avis différent), rayonne dans ces journées des Tusculanes. *Il n'est pas impossible d'y voir, en dépit du refus des passions, un refus « passionné » d'envisager la possibilité d'un malheur définitif ; non, il ne se peut pas que la raison soit impuissante à résoudre le problème du bonheur : « La nature ne s'est pas montrée à ce point ennemie acharnée du genre humain qu'elle ait tant produit pour le salut du corps, et rien pour celui de l'âme ! » La raison est bien cette « médecine socratique » qui rendra possible la vertu majeure, la* patientia, *forme générale du courage, ou aptitude à endurer tout ce qui ne dépend pas de nous. Cette vertu est possible, cette âme malade, « on peut la guérir ! » – tel est le cri qui conclut la* IVe Tusculane.

On voit ici un exemple de la réappropriation cicéronienne de la pensée d'autrui : l'association raison-nature est stoïcienne ; nature et Dieu, comme raison organisatrice du monde, sont dans le stoïcisme termes synonymes ; il y a un finalisme de la nature supposant une Providence bienveillante, consubstantielle au monde : une ratio mundi. *Mais ces développements repris aux stoïciens s'insèrent ici dans un plaidoyer « passionné » en faveur de la possibilité d'une guérison. De même, l'utilisation de la notion d'« assentiment » donné à la passion, pris à la théorie stoïcienne des passions : toute opinion, tout jugement comportent un assentiment, qui vient sanctionner la constatation théorique d'un état de fait et se prononce sur ce qui est bon ou utile, sur ce qui doit être recherché. Jugement de réalité ou jugement de valeur, il y a donc activité de la volonté dès la moindre représentation. Mais là encore, Cicéron infléchit la doctrine grâce à l'idée que s'en faisait un académicien, souvent cité par lui, Antiochus d'Ascalon : or, celui-ci se sert de l'assentiment stoïcien pour combattre le scepticisme de sa propre école, l'Académie, et insister sur la liberté, la responsabilité de l'âme : « C'est en vérité ravir à un être son âme que de ne vouloir qu'il sente ni qu'il donne son assentiment [...] Et ce qui est plus important encore pour nous, la disposition d'un certain pouvoir ne pourra exister dans un être privé d'assentiment. Où sera donc la vertu, si rien ne dépend de nous-mêmes ? » Sans citer cette phrase, c'est bien dans le même esprit que Cicéron reprend, là encore, au stoïcisme, son bien.*

Ainsi sommes-nous responsables de nos passions. Conclusion qui ne sonne pas comme une condamnation, mais comme la possibilité de la guérison. Si le corps, lui, n'est pour rien dans les maladies dont il souffre, il y a faute, culpa *(le mot est dit) pour ce qui concerne les maladies de l'âme. Cette responsabilité est le seul moyen de croire sérieusement à ce « bel article de foi » qu'est le bonheur du sage, comme la différence établie avec les maladies du corps montre l'usage limité que fait Cicéron de l'analogie stoïcienne entre maladies du corps et de l'âme. Traitée ici plutôt comme une métaphore éclairante, offrant l'avantage d'introduire un peu de concret, et le brillant d'un morceau de bravoure filant l'analogie, dans l'exposé abstrait des définitions de la passion. A accepter totalement l'analogie, d'ailleurs, et le monisme d'un Chrysippe qui lie étroitement l'âme et le corps, on risquerait de perdre la souveraineté de la première, seule garantie de la guérison. Le lien maintenu par Cicéron n'est que celui de la manifestation physique d'une* perturbatio *(trouble passionnel) intérieure : un symptôme.*

Une lutte de la raison, une lutte de tout instant : le sage, s'il veut s'assurer une paix éternelle, un bonheur durable, sera la « sentinelle vigilante de son âme ». La vie morale est donc marquée par une tension qui, à se relâcher, risquerait de nous précipiter à nouveau dans le malheur. Une vie morale dure, marquée par le combat. On ne s'étonnera donc pas de voir, comme chez les stoïciens, Hercule patronner pour une part cette figure du sage, Her-

cule, l'homme du combat contre les monstres, à la patientia, *au courage viril sans failles, qui n'a jamais désespéré et qui sut, pour fuir une douleur à laquelle il ne pouvait rien (le feu de la tunique de* Nessus*), se donner une mort volontaire par le feu. L'hydre de Lerne n'en finit pas de pousser ses têtes. Plus humains, mais marqués aussi par la dureté, les exemples de philosophes célèbres, sans concession aucune – le Scythe Anacharsis*[1]*, dont la lettre – amusante par sa sécheresse – à* Hannon *est citée dans la Vᵉ* Tusculane : *« Mes chaussures, c'est la corne de mes pieds ; alors, tes dons, fais-en cadeau aux dieux immortels ! »* Le *sage, comme on le constate ici, aime envoyer promener le tentateur. Plus brutal encore, Diogène le cynique : « Que puis-je faire pour toi ? demande le grand Alexandre. – Ôte-toi donc un peu de mon soleil ! », répond notre héros... Cette économie de langage, qui a le mérite de la clarté, n'a en tout cas ni celui de l'élégance, ni la capacité de persuader en profondeur.*

Or l'élégance, le sens de la beauté, sont partie intégrante de la vie morale pour Cicéron, ce Latin *si pénétré des vertus grecques.* L'honestum, *ce qui est conforme aux exigences de la morale, l'est aussi à celles du beau* – kalos kagathos, *disent les Grecs : bonté et beauté vont de pair. La métaphore de la danse, de la musique, reviennent chez Cicéron pour évoquer ce qui est un « art » : la philosophie. Comme le rappelle Jackie Pigeaud*[2]*, « on peut aller au but de plusieurs façons. En marchant, en dansant, ou en courant. Le risque est plus grand d'y aller en courant [...] Le marcheur, c'est l'homme normal, le danseur c'est le sage qui règle et rythme sa démarche ». A la beauté du corps correspond la beauté de l'âme, une « harmonie intérieure », « qui vaut d'être louée pour elle-même, indépendamment de ses heureux effets ». Cicéron y insiste dès le premier moment de la quatrième journée.*

1. Rudesse « scythe » dont s'amusera La Fontaine (« Contre de telles gens, quant à moi je réclame. / Ils ôtent à nos cœurs le principal ressort : / Ils font cesser de vivre avant que l'on soit mort. » *Le Philosophe scythe.*

2. *La Maladie de l'âme,* Les Belles-Lettres.

Aussi la référence privilégiée sera-t-elle non les cyniques, non les « Scythes » mais Socrate, le fin ironiste, l'éveilleur des consciences, l'inventeur d'une dialectique qui est une véritable maïeutique. Son apparition scande comme un refrain les divers exempla *auxquels recourent ces deux dernières journées : il est le « prince de la philosophie » (sens que j'ai choisi de donner au terme* princeps, *puisque aussi bien, dans ces deux derniers livres, le premier philosophe est Pythagore). Ici, plus de grincement provocateur, mais le sourire de la raison harmonieuse, lucide, sûre d'elle-même. Ici, la grâce de l'homme réconcilié qui a définitivement surmonté les tensions. Élégance de Cicéron lui-même, se donnant à ses amis dans ces conférences de Tusculum, sans jamais faire que de discrètes allusions aux douleurs qui le frappent : retrait obligé de la vie publique après le triomphe de César et la fin de l'« état de droit », mort de sa fille Tullia (voir la préface de Pierre Grimal à la Ire* Tusculane : Devant la mort *). Souple élégance d'un philosophe qui parsème de digressions volontaires, affichées dirait-on, son propos, soucieux d'éviter la rigueur pédante d'un « expert » – ne cite-t-il pas la définition que Pythagore donna du terme qu'il venait d'inventer : « philosophe » ? « Je ne suis expert en rien : c'est ce que j'appelle être amoureux de la sagesse. » On entend là comme un écho du : « Tout ce que je sais, c'est que je ne sais rien. » Élégance du vulgarisateur, du traducteur des termes philosophiques grecs en latin, habile à trouver à la fois le mot juste, et le mot le plus « latin », c'est-à-dire le mot courant, étymologiquement fondé cependant : ainsi le terme de « chagrin »,* aegritudo, *appartenant à la langue de « tout le monde » et portant en lui de quoi justifier l'analogie avec la maladie (dérivé de* aeger, *malade), preuve par l'étymologie que la passion du chagrin est une maladie. Charme d'un amoureux de la littérature – qui lui fait une large place – nous offrant le plaisir d'un changement de registre et commentant en toute liberté, non en docte, les plus grands auteurs : quelles leçons Montaigne n'a-t-il pas prises chez Cicéron ! Émotion, ironie, violence polémique dans la réfuta-*

tion : la plus grande finesse de Cicéron n'est-elle pas d'avoir illustré ainsi ce qu'il nous dit de l'orateur : l'art de simuler les passions, sans les ressentir pour autant ? Car il sait bien que l'insensibilité ne peut séduire...

Tant de palettes au service d'une conférence... Oui, car il s'agit de définir, dans une autre optique que celle du De Finibus *(écrit la même année : quel tempérament, ou quelle urgence à piéger la souffrance, à la « divertir »...), ce que sont les biens, ce que sont les maux, afin de dessiner les contours du bonheur. C'est pourquoi il ne s'agit pas d'être tendre pour la théorie péripatéticienne des « trois catégories de biens » : biens de l'âme, biens du corps et biens extérieurs (la gloire, l'argent, etc.). Admettre ce point serait admettre que certains biens échappent à notre pouvoir, qu'on peut donc, sinon être malheureux quand on est un sage, du moins ne pas être « parfaitement heureux ». « Et c'est l'absolu du bonheur que nous voulons ! », s'exclame Cicéron, avec une belle audace consciente d'elle-même. Il n'est pas sans rencontrer Épicure sur ce point : l'ennemi mortel du bonheur, c'est la crainte, c'est l'absence de sécurité : sur ce point, nos contemporains ne les contrediront pas... Ainsi la question qui hante, qui fonde toute la* Ve Tusculane *est-elle : la vertu suffit-elle au bonheur ? Le sage peut-il être heureux dans le taureau de Phalaris ? On sait que ce tyran d'Agrigente devint légendaire pour son ingénieuse cruauté, inventant comme supplice un taureau creux, en fer, chauffé à blanc, dans lequel ses victimes rôtissaient vivantes. Objection sérieuse, on s'en doute, et les interlocuteurs la présentent à plusieurs reprises comme telle. A laquelle l'optimisme – ou la cohérence ? – de Cicéron répondent affirmativement : même en ce cas, le bonheur du sage subsiste. Ce qui n'est pas tout à fait la même chose que d'affirmer qu'il y éprouve de la joie : le bonheur du sage subsiste car le bonheur du sage ne dépend pas des maux extérieurs, pas plus que ses biens ne sont biens du corps ou du hasard, mais biens de l'âme seule. Cette réponse-là est déjà plus difficile à réfuter.*

Mais la réponse la plus convaincante est d'ordre existentiel ; le sentiment du bonheur ne peut exister si subsiste la conscience d'un « manque », qui créera le chagrin de l'insatisfaction, du désir, etc., soit un retour aux passions. Le bonheur est « plein », et s'il est plein, c'est qu'il a su maîtriser le temps : à la différence cette fois d'Épicure, la lutte contre le temps ne se limite pas à vivre l'instant pour en jouir, mais à anticiper consciemment *le mal – car la crainte est bien aussi anticipation d'un mal, mais d'un mal supposé, et anticipation compulsionnelle –, à le prévoir pour s'y accommoder par avance et lui ôter son principal avantage dans sa lutte contre le bonheur humain : l'effet de surprise. Le temps de la prise de conscience anticipée du mal possible vient à bout de la surprise causée par l'irruption du temps du malheur. Et si le temps à lui seul a l'air d'émousser le chagrin, c'est une illusion : ce qui s'émousse, c'est l'idée que nous nous faisions du mal. La lutte contre le chagrin ne vient pas du temps en soi, mais d'une décision libre, d'une « opinion » que nous nous faisons à son sujet.*

Art difficile, semble-t-il, que celui du bonheur... « Mais nous parlons du bonheur du sage ! », nous rappelle avec insistance Cicéron. Que le bonheur des autres soit relatif, on peut l'admettre ; mais nous cherchons à nous faire une idée du bonheur parfait, donc du bonheur du sage. Ce qui nous frappe, ici, c'est l'importance du recours à l'idéal, et surtout le fait que cet idéal, pour Cicéron, loin d'être une idée pure, est constitué par différents modèles qui l'ont pour partie incarné, et en ont prouvé la possibilité. Ainsi le portrait du sage, prétexte aux anthologies des manuels, est loin de se limiter à cette creuse exemplarité rhétorique. Fondé sur des « vies illustres », il est la preuve que le sage existe, puisqu'il résume et exemplifie des vies réelles. D'où l'importance, dans les deux livres, des exempla, *des évocations de Pythagore, d'Épicure, d'Archimède, de tous ceux qui, toutes doctrines confondues, ont su incarner un idéal, prouver* in concreto *que le bonheur est possible quels que soient les maux extérieurs ou corporels. Exemples illustres confortés par l'évocation de contemporains, voire de protégés et d'amis de Cicéron, qui ont su eux aussi, à leur manière, témoigner pour le « bonheur » de l'humaine condition. Ces anecdotes, ces portraits, ces exemples, sont aux* Tusculanes *ce que sont aux dialogues de Platon les mythes ou le recours aux traits de la vie quotidienne de Socrate. Et comme Socrate, qui a su faire descendre la philosophie du ciel sur la terre et lui « ouvrir les portes des demeures privées », Cicéron veut donner corps et figure aux théories abstraites. C'est que la philosophie, il le dit avant Pascal, n'est pas affaire de géomètres ni de mathématiciens mais de « philosophes » : les syllogismes – auxquels il recourt lui aussi dans des passages qui ne sont pas, en effet, les meilleurs – ne sont pas le tout de la démonstration. Citons Pascal : « [...] l'objet de la géométrie consiste en preuves, l'objet de la médecine consiste en la guérison. » Et encore, à propos de l'ordre du discours (rappelons-nous les digressions affichées de Cicéron) : « Je sais un peu ce que c'est, et combien peu de gens l'entendent. Saint Thomas ne l'a pas gardé. La mathématique le garde, mais elle est inutile en sa profondeur. » Idée des* Tusculanes, *énoncée à peu près dans les mêmes termes, au début de la cinquième journée : « Notre question semble bien avoir trouvé sa solution. – Presque, en tout cas. – Mais c'est là une manière bien mathématique de procéder, et peu philosophique ! » ; suivie d'une comparaison toute pascalienne entre l'art des géomètres et celui des philosophes.*

Le géomètre est raide, le thérapeute est souple. A la raideur relative du stoïcisme (qui, rabattant de ses prétentions à l'idéal, sait faire la part à une morale pratique), Cicéron oppose la souplesse d'un disciple de Socrate. Souplesse du médecin, qui n'implique nullement une concession faite au réalisme contre l'idéal : l'idéal existe, il est possible, il est mieux que possible, étant ce qui donne son élan à l'amoureux de la sagesse, ce qui fonde la possibilité de la réalisation de celle-ci. Comment renoncer à l'idéal du moi ? Mais il faut bien marier le principe de plaisir et celui de réalité. L'âme est fragile, autant que belle, et les passions multiples. Le problème donc se pose : faut-il soigner la cause occasionnelle du chagrin – par exemple, le chagrin d'être pauvre – ou s'attaquer à la passion elle-même – en convainquant de la vanité du chagrin, « on soignera en même temps le malheur d'être pauvre » ? C'est en fonction du critère d'efficacité que le choix sera fait, même si telle thérapie semble plus conforme à l'idéel philosophique. La passion peut résister en effet violemment au traitement ; ainsi pour l'amour, où l'on sera contraint parfois de recourir à un remède tout occasionnel : « Un amour peut chasser l'autre, comme on dit qu'un clou chasse l'autre. » Thérapie momentanée de « transfert », d'urgence, qui n'implique nullement le renoncement à la « véritable cure » : la seule vraie cure, la grille unique, c'est de permettre au « patient » de recouvrer l'usage lucide de la raison, de lui faire comprendre que toute passion naît d'une erreur de jugement dont la conscience peut, au moins en partie, nous délivrer. Cet optimisme, cette confiance dans le pouvoir de la raison, même s'ils semblent ignorer la force en nous de l'irrationnel, de l'inconscient, sont-ils au fond si éloignés de celui du fondateur de la psychanalyse ?

Mais il est temps d'en venir à une évaluation : que vaut pour nous la réflexion « thérapeutique » de ces deux dernières Tusculanes *? Y a-t-il, dans ce travail dont Cicéron nous dit ne pas savoir s'il « sera utile à autrui », autre chose que l'état historiquement daté d'un savoir ? Peut-on y trouver des intuitions dont nous sommes aujourd'hui à même d'apprécier la richesse ?*

La foi en la raison semble venir de très loin, et l'optimisme thérapeutique. Est-ce si sûr pourtant ? Optimisme relativisé par la chute, parfaitement voulue, des Tusculanes, *d'un humour triste : « Utile aux autres ? Je ne saurais le dire. A moi en tout cas, plongé dans de si cruelles souffrances, submergé par toutes sortes de peines, il a apporté le seul* allégement *que je pouvais espérer. »* Levatio *: terme modeste, d'une modestie doucement ironique, qui clôt le traité de la* vita beata, *qui en est le dernier mot... Puis cet optimisme n'est pas ici celui d'un système, celui d'un théoricien, mais celui d'un homme qui sait ce dont il parle* *quand il parle du chagrin, et qui sait aussi qu'il est en train de vivre, entouré d'amis cultivés et partageant la même « passion » que lui pour la philosophie et l'espoir d'un avenir meilleur pour l'homme, un « allégement » de poids à ces souffrances. Cette vérification sur la balance, non d'un Critolaüs mais de sa propre expérience, donne toute sa force lyrique à l'hymne à la philosophie qui ouvre la cinquième journée : « Que serions-nous sans toi, nous et tous les hommes – et y aurait-il même une vie pour les hommes ? »*

Mais quelle métaphore que celle du « calme plat », métaphore marine, revendiquée pour illustrer l'état du sage dans la vie heureuse ! « Pas le plus léger souffle de vent », insiste-t-il. On croirait le premier Baudelaire : « Je hais le mouvement qui déplace les lignes... » Oui, là, Cicéron semble avoir manqué la conscience péripatéticienne de la nécessité des passions, de l'utilité du désir. Il a oublié, négligeant une géniale intuition d'Épicure, reprise par Lucrèce, que les grandes inventions qui ont marqué les progrès de l'humanité ne sont pas venus des hommes « d'élite », de leur « raison », mais du besoin. Et les péripatéticiens, encore, n'ont-ils pas raison, contre lui, d'affirmer que la crainte de la loi est le moteur de la conscience morale ?

Dans ce rêve du calme plat, pourtant, qui ne reconnaîtrait le sien après une tempête trop cruellement essuyée ? Mais ce n'est pas un argument, sinon en faveur du trop humain Cicéron. Soit. Plus sérieusement, alors, dans le refus de la « crainte » comme moteur de la vie morale, n'y a-t-il pas l'intuition que le sage est celui qui n'a pas besoin d'avoir recours à l'image extérieure de la loi, l'ayant intériorisée ? D'un sage qui tire son élan d'un « exemple », d'un idéal intériorisé, qui a un « idéal du moi » ?

Reste l'élitisme cicéronien – qu'il partage avec toute l'Antiquité : pensons à Épicure, cité par Nietzche : « Il me faut entourer ma doctrine d'une barrière pour empêcher les pourceaux d'y pénétrer. » Un tel langage n'est pas le fait de Cicéron ; mais il est vrai qu'il partage avec les stoïciens (et avec Socrate) le mépris de la foule, de son opinion toujours, ou presque, fausse ; il est vrai qu'il ne croit pas à la possibilité de guérison des esprits « grossiers, sans culture ». N'est-il pas vrai, quand même, que la raison, la culture, comme la musique (est-ce un hasard si Pythagore est le premier philosophe convoqué, lui qui « recourait volontiers à la poésie pour apaiser, par la médiation du chant et de la lyre, la tension intellectuelle » ?), adoucissent les mœurs ? Élitisme d'ailleurs propre à chaque époque, qui a chacune le sien, correspondant à la dernière étape : Freud lui aussi déclarait certains patients « inanalysables » : les psychotiques durent attendre, qui devront pourtant au fondateur de la psychanalyse les découvertes de ses successeurs...

De cet élitisme de la raison, nous garderons l'idée, stoïcienne, qu'il faut dépasser l'enfance, assumer l'âge de « raison ». Et si l'Antiquité a surtout vu dans l'enfant celui que l'homme doit détruire en lui pour parvenir à la raison (ayant au moins le mérite de nous éviter la tradition romantique du merveilleux enfant voyant-poète), n'a-t-elle pas, là encore, senti qu'il fallait intégrer l'enfance, c'est-à-dire en prendre conscience et la dépasser pour devenir un « homme heureux » ? Ce que nous propose Cicéron, est-ce si différent de ces lignes toutes récentes, d'un psychanalyste bien actuel : « Aider les autres à avoir une vie achevée. Sacrifier avec élégance, avec sobriété, avec humour aux exigences contraires des principes de plaisir et de réalité [...] Déjouer les séductions, les perversions, les ruses de la pulsion de mort. Retourner le négatif contre lui-même[1]. » Retourner le négatif contre lui-même : de la « passion » cicéronienne qui s'emploie contre la volonté ou l'acceptation du malheur, c'est là ce que nous retiendrons.

Chantal Labre

1. Didier Anzieu, *Beckett et le psychanalyste*, éd. Mentha-Archimbaud.

GUÉRIR LES PASSIONS
(*IVe TUSCULANE*)

SYNOPSIS DE LA QUATRIÈME TUSCULANE

OUVERTURE

Réflexions sur l'origine de la philosophie à Rome ... 23

Sujet du débat : l'âme du sage est-elle à l'abri des passions ? ... 27

Première partie. – PRÉALABLE AU DÉBAT : ANALYSE THÉORIQUE DES PASSIONS ... 29

1. Subdivisions stoïciennes des passions ... 29
2. Analogies entre le corps et l'âme ... 35
   - Entre les maux du corps et ceux de l'âme ... 35
   - Entre les biens du corps et ceux de l'âme ... 39
3. Limites de cette analogie ... 40

Deuxième partie. – EXAMEN DES THÈSES DIVERSES ET RECHERCHE DU VRAISEMBLABLE ... 41

A. Analyse critique des différentes écoles philosophiques 41

1. Théories sur les effets funestes des passions ... 41
   - Portrait du sage, exempt des passions ... 43
2. Critique de la doctrine péripatéticienne ... 44
   - Critique de la thèse des passions moyennes ... 44
   - Critique de l'idée de l'utilité des passions ... 46

B. Recherche du vraisemblable ... 49

1. Réfutation définitive de l'utilité des passions ... 49
   - A propos du courage, de la colère, du désir, du chagrin ... 49
2. Réfutation définitive de l'idée d'un juste milieu des passions ... 55

Troisième partie. – THÉRAPIE DES PASSIONS ... 56

1. Problème : soigner la cause occasionnelle du trouble ou le trouble lui-même ? ... 56
2. Soigner l'idée fausse qu'on se fait des maux ... 59
   - Exemples du chagrin et de la crainte ... 59
3. Soigner l'idée fausse qu'on se fait des biens ... 61
   - Exemples de la joie excessive, de l'amour, de la colère ... 61

CONCLUSION

Les passions, naissant toutes d'une idée fausse, relèvent d'une thérapie appropriée ... 70

Naissance de la philosophie à Rome

Fidèle admirateur des talents et des vertus que nos compatriotes révèlent en tant de matières, j'admire surtout leur emploi dans le domaine intellectuel et culturel, domaine auquel ils sont venus tardivement et qu'ils ont découvert en Grèce, puis acclimaté chez nous. Car si les institutions de nos rois et les lois ont respectivement assuré, et de manière remarquable, l'organisation des auspices, des cérémonies, des comices, des appels au peuple, de l'assemblée des sénateurs, la répartition des cavaliers et des fantassins, et structuré tout le domaine militaire, il fallut attendre que la nation se libérât du joug des rois pour que se produisît une stupéfiante avancée, une incroyable envolée vers toute espèce d'excellence. Mais ce n'est pas ici le lieu d'évoquer les mœurs et les institutions de nos ancêtres, non plus que le régime politique et la constitution de notre état : j'ai ailleurs abordé précisément ces sujets, notamment dans les six premiers livres de mon ouvrage *La République*[1]. Notre objet, ici, c'est l'examen des études philosophiques ; là encore, j'ai bien des raisons de penser que, si nous sommes aussi allés les chercher ailleurs, elles ont, une fois arrivées chez nous, non seulement attiré notre attention, mais éveillé chez les nôtres le désir de les maintenir vivantes en les pratiquant assidûment. Nos ancêtres, en effet, avaient les yeux fixés sur un homme d'une sagesse et d'une noblesse hors de pair, Pythagore, qui se trouvait en Italie à l'époque où Lucius Brutus[2], illustre fondateur de ta noble famille, libéra notre patrie. Or, c'est l'époque où, me semble-t-il, la philosophie de Pythagore*, largement répandue, gagnait aisément notre pays : conjecture vraisemblable, que viennent corroborer certains indices. Comment imaginer, en effet, qu'à un moment où la Grèce – cette Grèce qu'on a appelée la « Grande Grèce » – épanouissait en Italie son influence grâce à la puissance et à l'ampleur de ses cités, à une époque où le renom de Pythagore, d'abord, des pythagoriciens**, ensuite, était immense, comment imaginer que nos concitoyens soient restés sourds à leur parole si pleine de science ? Je pense même que, si le roi Numa[3] a été jugé pythagoricien par les générations qui l'ont suivi, c'est en raison de l'admiration qu'éveillait en eux ce qualificatif. Au fait de la théorie et des principes de Pythagore, ces générations connaissaient sans doute, par la tradition, la renommée d'équité et de sagesse de ce roi, mais étaient incapables de situer exactement la chronologie de leurs vies respectives, trop reculées dans le temps : d'où ils conclurent qu'un roi remarquable par sa sagesse ne pouvait qu'avoir été l'élève de Pythagore.

Mais voilà assez de conjectures. Quant aux indices tangibles du rayonnement pythagoricien, il est aisé d'en recueillir un grand nombre ; nous n'en citerons pourtant que quelques-uns, car là n'est pas l'essentiel de notre propos. En voici un : les Pythagoriciens,

* Pour les noms de philosophes, voir Repères philosophiques III.
** Pour les noms d'écoles, voir Repères philosophiques I et II.

dit-on, recouraient volontiers à la poésie, à la fois pour entourer d'un voile d'hermétisme la transmission de certains préceptes, et pour apaiser, par la médiation du chant et de la lyre, la tension intellectuelle après la recherche philosophique. Or Caton – auteur sérieux s'il en fut – évoque, dans ses *Origines,* cette ancestrale coutume romaine des banquets où les convives, à tour de rôle, chantaient sur un air de flûte la gloire et les vertus des grands hommes : voilà qui démontre que, dès cette époque, on avait nettement défini et le chant, puisqu'on savait noter les sons de la voix, et la poésie. Que composer des vers fût dès lors un fait courant, c'est ce que confirment les Douze Tables [4], par une loi qui interdit, sous peine de sanction, toute poésie de nature diffamatoire. Voici encore un autre indice de l'incontestable culture de ce temps : la coutume toujours vivante de jouer de la flûte dans les festins de nos dieux et les banquets des magistrats, cette coutume était le propre de l'école philosophique en question. Et le poème d'Appius Caecus, dont Panaetius fait un vif éloge dans une lettre à Quintus Tubéron, me semble personnellement être, lui aussi, pythagoricien. Bien d'autres points de nos institutions nous sont venus d'eux ; je ne veux pas y insister, de peur que nous n'ayons l'air de devoir à des étrangers des connaissances que nous pensions ne devoir qu'à nous-mêmes... Ainsi, pour en revenir à notre propos, quelle rapidité dans l'apparition des poètes à Rome – et en quel nombre, avec quel éclat ! – comme des orateurs – et quels orateurs ! Témoignage éclatant de la capacité des nôtres à tout mener à bien, dès lors qu'ils ont décidé de le vouloir.

Les autres matières d'étude, nous en parlerons plus loin, si besoin est ; aussi bien en avons-nous déjà parlé. Quant à l'étude spécifique de la sagesse, ou philosophie, je trouve donc très tôt chez nos ancêtres un goût prononcé pour elle – sans pouvoir toutefois citer nommément des philosophes antérieurs à l'époque de Laelius et de Scipion[5]. Mais je remarque qu'ils n'étaient que des adolescents quand le stoïcien Diogène et l'académicien Carnéade furent envoyés par les Athéniens comme ambassadeurs auprès du sénat romain : or, n'ayant jamais encore pris part aux affaires publiques, étant, l'un de Cyrène, l'autre de Babylone, on n'eût sans doute jamais été les chercher dans leurs écoles pour les nommer à cette fonction, si certains grands personnages bien connus de l'époque ne s'étaient intéressés à la philosophie, hommes de premier plan, et qui ont écrit dans tous les domaines – traités de droit civil, discours, faits marquants de l'Histoire ; cette discipline néanmoins, la plus grande de toutes, l'art de vivre bien, s'ils l'ont pratiquée dans leur vie, ils n'en ont pas écrit. Voilà pourquoi, de cette véridique et harmonieuse philosophie qui, née avec Socrate, s'est perpétuée jusqu'à nos jours chez les péripatéticiens et, différemment interprétée, chez les stoïciens, sans omettre les académiciens qui arbitraient les controverses des deux précédentes écoles, nous n'avons aucun témoignage écrit en latin. La faute en revient peut-être à l'ampleur des affaires publiques à Rome, qui absorbaient les hommes, ou à leur conviction que des profanes ne sauraient s'intéresser à ces doctrines. Alors, dans ce silence, s'éleva la voix de Caïus Amafinius : ses livres, édités, impressionnèrent massivement le public, qui se porta de préférence vers cette doctrine épicurienne ; à cause, sans doute, de sa plus grande facilité, ou parce que les séduisaient les douces flatteries de la notion de plaisir, ou enfin parce que, rien de mieux ne leur étant proposé, ils prenaient ce qu'on leur donnait. Après Amafinius, bien des adeptes de cette école écrivirent abondamment et achevèrent de gagner toute l'Italie à leur doctrine ; et, dans ce qui est une preuve éclatante du manque de subtilité de ces écrits, à savoir leur trop facile assimilation, l'approbation de lecteurs incultes, les épicuriens voient, eux, une confirmation de la valeur de leurs théories !

Mais que chacun défende ses opinions : les choix sont libres. Pour moi, je m'en tiendrai à mon principe de départ et, sans me laisser ligoter par les préceptes d'aucune école particulière qui me contraindrait à une stricte obédience, je m'efforcerai de rechercher, à propos de chaque problème soulevé, l'opinion la plus probable ; ce à quoi je me suis déjà appliqué en d'autres circonstances, et tout récemment encore à Tusculum. Trois livres ont déjà rendu compte des discussions de ces trois premiers jours ; ce livre résume celles du quatrième. Voici donc comment se déroula l'entretien, dès que, selon une habitude inaugurée les jours précédents, nous eûmes gagné la promenade du bas.

Position du débat : l'âme du sage est-elle à l'abri des passions ?

– Que l'un de vous, s'il le souhaite, propose un thème dont nous débattrons.

– « De l'impossibilité pour l'âme du sage d'être à l'abri de toute passion » : voilà ma proposition.

– Hier pourtant, quand nous en discutions, tu croyais cette âme à l'abri du chagrin ; mais peut-être n'était-ce alors qu'un acquiescement de l'instant ?

– Mais non, j'étais vraiment d'accord avec toi.

– Tu ne crois donc pas que le sage puisse être la proie du chagrin ?

– Non.

– Et pourtant, si cette passion ne peut affecter l'âme du sage, aucune ne le pourra. Réfléchissons : la crainte pourra-t-elle le bouleverser ? Mais crainte et chagrin ont la même cause : on craint des maux à venir, et ce sont ces mêmes maux qui, une fois là, nous chagrinent ; et donc, supprimer le chagrin, c'est supprimer aussi la crainte. Restent alors deux causes de trouble, deux « passions » : la joie, dans ses manifestations excessives, et le désir. Si le sage leur échappe, alors son âme sera toujours en repos.

– C'est bien mon avis.

– Que préfères-tu donc ? Faire voile sans tarder ou prendre les rames un moment, le temps de sortir du port ?

– A quoi fais-tu allusion ? Je ne te suis pas.

– A ceci, que Chrysippe et les stoïciens, quand ils disputent des passions de l'âme, consacrent la plus grande partie de leur temps à subdiviser ces passions, à les définir, pour expédier en quelques mots les moyens de guérir l'âme ou de lui éviter ces troubles nés des passions ; tandis que les péripatéticiens apportent tous leurs soins à apaiser l'âme, éludant cette dialectique très pointue qui subdivise et définit. Je te demandais donc si je devais déployer sans tarder les voiles de mon discours, ou le lancer auparavant à la rame de la dialectique !

– A la rame, d'abord ! Ainsi le thème proposé, traité du point de vue théorique et pratique, sera plus complètement exploré.

– Sans doute est-ce là le choix raisonnable. N'hésite pas cependant à me faire éclaircir ce que tu trouveras obscur.

– Sans doute, mais ce ne sera pas nécessaire : tu vas, à ton habitude, exposer les points les plus obscurs plus clairement que ne le font les Grecs !

– J'essaierai en tout cas ; mais il me faut toute ton attention : qu'un seul point t'échappe, et toute mon argumentation s'effondrera.

ANALYSE THÉORIQUE DES PASSIONS

Subdivisions stoïciennes des passions

Ainsi, dans cette analyse des passions – puisque je traduis ainsi ce que les Grecs appellent « pathos » – je suivrai la traditionnelle division de Pythagore, d'abord, de Platon ensuite, qui divisent l'âme en deux parties : l'une qui participe de la raison, l'autre, irrationnelle[6]. C'est dans l'âme rationnelle qu'ils placent la tranquillité, c'est-à-dire la constance, état paisible et serein ; dans l'autre part, ils mettent les mouvements passionnels de la colère et du désir, mouvements contraires à la raison. Partons de cela, quitte à recourir, pour la description des passions, aux définitions et subdivisions des stoïciens, lesquels me paraissent d'une grande perspicacité sur la question.

Voici donc la définition que donne Zénon de la passion – en grec « pathos » : « Une violente émotion de l'âme, contraire à la nature et opposée à la droite raison. » Certains la définissent plus brièvement comme une appétence trop vive, excès qui vient toujours pour eux d'un écart trop grand avec l'équilibre naturel. Quant aux diverses espèces de passions, elles naissent, d'après eux, de l'idée fausse d'avoir affaire à des biens et à des maux – deux biens et deux maux, ce qui fait quatre passions : le désir et la joie du côté des biens supposés (joie des biens présents, désir des biens à venir), la crainte et le chagrin du côté des maux supposés (crainte des maux à venir et chagrin des maux présents) : car les maux dont on redoute la venue sont ceux-là mêmes qui génèrent le chagrin quand ils surviennent. La joie et le désir reposent incontestablement sur l'idée toute subjective que c'est un bien qui se présente à nous : ce qui séduit, ce qui enflamme, ce qui met en branle notre désir, c'est l'objet qui nous apparaît comme un bien, et qui, à l'idée de le posséder enfin, nous fait devenir frénétiques et délirer de joie. La nature en effet pousse tous les êtres à rechercher ce qui leur apparaît comme un bien, et à fuir ce qui leur semble un mal ; ainsi, dès que nous croyons avoir entrevu l'ombre d'un bien, une impulsion naturelle nous pousse à l'obtenir. Toutefois, si ce mouvement reste mesuré et prudent, on est alors devant cette aspiration que les stoïciens appellent *boulèsis,* et nous, « volonté ». Volonté qui, d'après eux, est l'apanage du sage, et qu'ils définissent ainsi : « La volonté est un désir raisonnable. » Au contraire, avec l'appétence qui, hostile à la raison, se révèle aussitôt d'une excessive impétuosité, on est devant le désir, ou convoitise effrénée, caractéristique des âmes déraisonnables. De même, l'émotion qui nous étreint au cœur d'un bonheur peut nous affecter de deux manières : si c'est l'âme rationnelle qui s'émeut, d'une émotion paisible et modérée, alors cette émotion reçoit le nom de « contentement » ; si l'âme au contraire est la proie d'une exaltation vaine et incontrôlée, alors on peut qualifier cette émotion de joie délirante, excessive, que l'on définit ainsi : « transport déraisonnable de l'âme. » Et puisque nous tendons naturellement à repousser les maux tout autant qu'à rechercher les biens, appelons circonspection le souci raisonnable d'écarter ces maux, qualité dont nous devons comprendre que seul le sage la possède ; au contraire, un rejet irraisonné, signe d'un affolement qui nous abat et brise en nous toute énergie, nommons-le crainte ; la crainte est donc une précaution que la raison désavoue. Enfin, s'il n'y a chez le sage nul sentiment d'un mal présent, chez le commun des mortels, il y en a un : le chagrin, affection qui naît à l'idée de maux supposés, et sous l'emprise de laquelle l'âme, incapable d'entendre la voix de la raison, devient déprimée, se replie sur elle-même. D'où cette première définition : « Le chagrin est un repliement déraisonnable de l'âme sur elle-même. » Nous avons donc quatre passions, et seulement trois états d'équilibre, puisque le chagrin n'a pas son pendant du côté de l'équilibre.

Les stoïciens vont plus loin ; estimant que toutes les passions procèdent du jugement et d'une opinion, ils affinent encore leurs définitions, pour nous faire comprendre non seulement le caractère vicieux des passions, mais aussi qu'elles dépendent de nous. Le chagrin alors, c'est l'idée qu'on se fait d'un mal présent, à quoi dépression et repliement de l'âme semblent la réponse normale ; la joie, c'est l'idée qu'on se fait d'un bien présent, à laquelle le transport dont l'âme est saisi semble logiquement répondre ; la crainte, l'idée d'un mal imminent, qui ne paraît pas pouvoir être supporté ; le désir enfin, l'idée d'un bien à venir et dont la présence tangible serait la bienvenue. Jugement et opinion ne sont pas seulement la source des passions, mais de leurs effets secondaires : ainsi le chagrin provoque-t-il une morsure douloureuse, la crainte une sorte de repliement de l'âme sur elle-même, une fuite ; la joie, d'exubérantes explosions, et le désir, un appétit sans frein. Et cette idée que nous nous faisons des biens ou des maux, ils voient en elle comme un imperceptible assentiment.

Chaque passion se subdivise encore en espèces relevant d'une même catégorie : sous le terme générique de chagrin, on trouve l'envie – il faudrait, pour les besoins de ma démonstration, préciser « l'envie qu'on ressent », et forger un néologisme, car le terme d'envie renvoie aussi bien à l'envieux qu'à l'envié –, la rivalité, la jalousie, la pitié, l'angoisse, le deuil, l'affliction, le sentiment de l'épreuve, la souffrance, la plainte, l'inquiétude, la peine, la dépression, le désespoir, et tout sentiment de cet ordre. Sous la rubrique « crainte », se rangent la paresse, la honte, la frayeur, la peur, l'épouvante, l'effroi, le bouleversement, la terreur. Le plaisir, c'est aussi bien la malveillance qui fait sa joie du malheur d'autrui que le ravissement, la vantardise, ou d'autres sentiments du même genre. Au désir se rattachent la colère, l'irritabilité, la haine, l'inimitié, le ressentiment, le besoin, l'insatisfaction, et tout ce qui leur ressemble. Sentiments qui à leur tour font l'objet de définitions : l'envie, disent-ils, c'est le chagrin qu'on éprouve devant le succès d'autrui, même quand ce succès ne nous nuit pas ; car qualifier d'envie la souffrance causée par un succès qui lèse nos intérêts serait aussi déraisonnable que de croire Agamemnon envieux d'Hector ! Mais l'homme à qui la prospérité d'autrui ne porte nul ombrage, et que l'idée de cette prospérité fait souffrir, celui-là est vraiment un envieux. La rivalité, elle, peut s'entendre de deux manières : qualité ou défaut. Nom dont relève aussi bien l'imitation de la vertu (mais cette acception favorable n'est pas la nôtre ici), que le chagrin à l'idée qu'un autre ait obtenu ce qu'on a soi-même désiré et dont on se voit privé. La jalousie, elle (je traduis ainsi la *zèlotupia* des Grecs), est ce chagrin qui naît de ce qu'on n'est pas le seul possesseur de l'objet de son désir, de ce qu'un autre, comme nous, l'a obtenu. La pitié est le chagrin qu'on ressent devant la situation injustement malheureuse d'autrui – car le supplice d'un parricide ou d'un traître ne provoque pas la pitié. L'angoisse, c'est ce chagrin qui prend à la gorge, le deuil, celui qui vient de la mort cruelle d'un être cher, l'affliction, un chagrin qui fait fondre en larmes ; le sentiment de l'épreuve, un chagrin qui pèse et vous travaille, la souffrance, un chagrin qui torture, la plainte, un chagrin qui crie son mal, l'inquiétude, un chagrin de la pensée ; la peine, un chagrin permanent, la dépression, un chagrin qui affecte gravement le corps, le désespoir, un chagrin qui n'attend plus aucune amélioration. Si nous passons maintenant aux passions subordonnées à la crainte, nous voyons que la paresse, c'est la crainte d'un travail imminent ; la frayeur, une crainte qui secoue tout le corps, entraînant, comme la honte entraîne la rougeur, pâleur, tremblements et claquements de dents ; la peur est la crainte d'un mal qui approche, l'épouvante, une crainte qui aliène l'esprit – ce qui fait dire à Ennius :

Alors l'épouvante me fait défaillir, elle arrache de mon cœur toute raison[7].

L'effroi est une crainte subséquente à la précédente, compagne obligée de l'épouvante ; le bouleversement, une crainte qui affole la pensée, la terreur enfin, une crainte permanente.

Quant aux espèces du plaisir, les stoïciens disent, de la malveillance, qu'elle est un plaisir gratuit pris au malheur d'autrui ; du ravissement, qu'il est ce plaisir qui charme l'âme par la douceur des sons, plaisir transposable aux autres sens, l'ouïe, la vue, le toucher, l'odorat, le goût, tous plaisirs de la même espèce, et qui, telle une liqueur, inondent pour ainsi dire cette âme ; de la vantardise, qu'elle est un plaisir de l'ostentation, véritable transport qui n'a plus nul souci des convenances. Avec le désir, viennent les subdivisions et définitions suivantes : la colère, comme désir de punir celui qui nous a, croit-on, blessé injustement ; l'irritabilité, comme colère toujours à l'état naissant, colère qui montre juste la tête – la *thumos* des Grecs ; la haine est une colère ancienne ; la rancune est une colère qui guette le moment de la vengeance, et le ressentiment, une colère particulièrement amère, née dans le secret de l'âme et du cœur ; le besoin est un désir que rien ne peut satisfaire, l'attente, le désir de voir un être qui n'est pas encore devant nous. A cela s'ajoute une autre distinction, entre désir et besoin : le désir est désir des biens réputés être le propre de telle personne ou catégorie de personnes, biens que les dialecticiens appellent des « attributs » ; ainsi le désir des richesses est désir d'*être* riche, le désir des honneurs est désir d'*être* honoré ; le besoin, lui, est désir des choses en elles-mêmes : désir d'argent, désir d'honneurs.

Mais la source de toutes les passions, à leurs yeux, c'est l'intempérance, cet abandon total par l'esprit de la droite raison. Abandon si hostile aux préceptes de la raison qu'il devient dès lors absolument impossible de maîtriser ou de contenir les appétits de l'âme. Alors que la tempérance calme ces appétits, les contraint de respecter les limites de la droite raison et garde en mémoire les jugements réfléchis de l'esprit, son contraire, l'intempérance, enflamme, bouleverse, déséquilibre toute l'assiette de l'âme, véritable mère des chagrins, des craintes et de toutes les autres passions.

Maladies du corps et maladies de l'âme

Quand le sang est vicié par un excès d'humeurs ou de bile, alors le corps est la proie d'affections maladives ou de maladies chroniques ; de la même manière, le désordre entraîné par l'afflux d'idées fausses et conflictuelles prive l'âme de sa santé et y introduit le trouble morbide des passions. Passions qui, pour les stoïciens, génèrent et ces affections maladives qu'ils appellent *nosèmata,* avec les aversions contraires – aversion pathologique et dégoût de certains objets – et ces maladies chroniques qu'ils nomment *arrôstèmata,* accompagnées des aversions correspondantes. Ils se donnent, et tout particulièrement Chrysippe, un mal fou pour établir des analogies terme à terme entre maladies du corps et maladies de l'âme ; passant sur les détails superflus, nous nous limiterons ici à l'essentiel du problème. Il faut donc bien comprendre que la passion, travaillée par ce bouillonnement tumultueux et désordonné d'idées fausses, est en perpétuel mouvement ; et quand cette fiévreuse agitation de l'âme est devenue une habitude, quand elle s'est logée au cœur de nos veines et dans notre moëlle, alors apparaissent affections diverses, maladies chroniques et aversions correspondantes. Si ces états diffèrent en théorie, en pratique ils sont étroitement liés, étant tous issus du désir et de la joie. Voici un exemple : quand l'amour de l'argent échappe dès son apparition au contrôle de la raison – cette médecine socratique qui permettrait de soigner ce désir passionné – le mal s'infiltre dans les veines, se fixe dans nos entrailles, et c'est l'apparition d'une affection maladive, d'une maladie chronique ; le temps qui passe et l'enracine ôte bientôt toute chance de l'extirper : cette maladie, c'est l'avidité. Il en va de même pour toutes les autres affections et maladies chroniques, passion de la gloire, ou passion des femmes (je traduis ainsi le mot grec *philogènia*), ou autres passions du même type. Quant aux aversions correspondantes, c'est de la crainte qu'elles dérivent : ainsi la haine des femmes, illustrée par le *Misogyne* d'Atilius, ainsi la haine universelle contre le genre humain qu'éprouvait, s'il faut en croire la tradition, Timon, dit le Misanthrope, ou encore un parti-pris d'inhospitalité, toutes ces maladies chroniques de l'âme dérivent chacune d'une crainte particulière, celle des objets qui provoquent haine et répulsion. Voici comment les stoïciens définissent la maladie chronique de l'âme : « Violent préjugé solidement ancré dans l'esprit, qui rend un objet désirable ou indésirable. » Quant aux aversions particulières, elles se ramènent pour eux à « la violence de l'idée fausse qu'on se fait d'un objet, jugé repoussant alors qu'il ne l'est pas, idée solidement ancrée dans l'âme ». Quant à ce préjugé lui-même ou idée fausse, c'est l'illusion de savoir ce qu'on ne sait pas.

A la catégorie des maladies chroniques, se rattachent l'avidité, l'ambition, la passion des femmes, l'obstination, la gourmandise, l'ivrognerie, la passion des sucreries, etc. L'avidité, c'est un fort préjugé à l'égard de l'argent, considéré comme particulièrement désirable – préjugé solidement ancré en nous ; et la définition vaut pour toute autre maladie chronique de ce genre. Pour définir les aversions, prenons pour exemple la définition stoïcienne de l'inhospitalité maladive : « Violence de l'idée fausse qu'on se fait d'un hôte comme d'un être repoussant, idée solidement ancrée dans l'âme. » Relèvent de la même définition la haine des femmes, dont Hippolyte[8] est le représentant, ainsi que celle du genre humain, illustrée par Timon[9].

L'analogie ainsi établie entre maladies de l'âme et maladies du corps, explorons un peu cette correspondance, sans tomber toutefois dans la minutie stoïcienne. Tout comme certaines natures sont facilement sujettes à tel type de maladie – ainsi parlons-nous de gens fragiles des bronches ou du ventre, non qu'ils soient forcément alors victimes d'une bronchite ou en proie à la colique, mais parce que cela leur arrive souvent –, il y a des sujets plus sensibles à la crainte, et d'autres à une autre passion : anxiété pour ceux qu'on appellera des anxieux, irascibilité pour d'autres, irascibilité qui diffère de la colère (ce n'est pas la même chose que d'être irascible ou colérique), tout comme l'anxiété diffère de l'angoisse ; aussi bien tous ceux à qui il arrive d'être angoissés ne sont pas pour autant des anxieux, et inversement les anxieux ne sont-ils pas constamment angoissés. La même différence existe entre l'état d'ivresse et l'ivrognerie, entre le libertinage et le fait d'être amoureux. Et cette prédisposition de chacun à une maladie particulière couvre un vaste champ, car elle s'étend à toutes les passions. Elle est patente aussi dans bien des vices, mais nous n'avons pas de mot pour décrire la chose. Sont donc envieux, ou malveillants, ou timides, ou pitoyables, ceux qui sont enclins à de telles passions, même s'ils ne les éprouvent pas toujours : ainsi le qualificatif d'envieux, de malveillant, de timide, de pitoyable, évoque la prédisposition à ces passions, non à la permanence de leur emprise. On appellera en conséquence maladie chronique, par analogie avec les maladies du corps, la prédisposition à une catégorie particulière de passions –à condition qu'on entende bien par là une tendance à développer cette maladie. Tendance qui, appliquée aux biens, recevra le nom d'aptitude naturelle – et les hommes ont chacun une aptitude particulière à telle ou telle vertu –, et qui, appliquée au mal, sera qualifiée de « propension », pour suggérer l'idée de la pente sur laquelle on glisse ; s'il s'agit enfin d'une chose indifférente, ni mal ni bien, on gardera le premier terme.

Affections, maladies chroniques, vices du corps ont donc leurs homologues du côté de l'âme. Sur le plan du corps, l'affection maladive est une corruption de l'état général, la maladie chronique une affection qui s'installe sans rencontrer de résistance ; un vice enfin est un manque d'harmonie entre les diverses parties du corps, rendant celui-ci éventuellement contrefait ou difforme. Si les premières dérivent d'un désordre grave, d'une perturbation de l'état de santé général, le second peut coexister avec un bon état général. Transportée sur le plan spirituel, la distinction entre affection et maladie chronique est toute théorique ; le vice de l'âme, lui, renvoie à une manière d'être, à une disposition permanente, à une instabilité, à un état de conflit interne dont toute la conduite porte la marque. D'où il ressort que, dans le premier cas, affection et maladies chroniques dérivent de la corruption des opinions, et, dans le second, de leur ver-

Et si ces passions – chagrin et crainte – sont de véritables fléaux pour l'âme, les passions plus riantes, comme l'avidité, toujours éperdument en quête d'un objet, comme la vaine allégresse (c'est-à-dire une joie frénétique), ne sont pas, elles, très loin de la folie. Nous pouvons ainsi mieux apprécier la valeur de l'homme que nous avons décrit successivement comme modéré, puis mesuré et tempérant, équilibré et maître de soi enfin. Qualités que nous embrasserons sous le terme général d'« intégrité » ; si d'ailleurs ce terme n'englobait pas toutes les vertus, le mot fameux : « Un homme intègre fait bien tout ce qu'il fait », n'aurait jamais connu le succès qui l'a fait passer en proverbe. Autre preuve : la critique qui frappe le discours des stoïciens, lesquels pourtant ne disent pas autre chose : « Trop paradoxal, trop ambitieux » [13], estime-t-on.

Portrait du sage

Ainsi l'homme, quel qu'il soit, qui aura trouvé, par sa modération et sa constance, le repos de l'esprit ; l'homme en paix avec lui-même, qui saura ne pas se laisser consumer par le chagrin, ni briser par la crainte, ni enflammer d'un désir ardent pour quelque objet ; qui préservera son énergie des effets dissolvants d'une joie délirante et infondée, cet homme-là est le sage que nous cherchons, c'est là l'homme véritablement heureux : rien de ce qui peut arriver à l'homme ne lui paraît ni assez intolérable pour abattre son âme, ni assez heureux pour la transporter. Pour qui a pénétré toute l'éternité, toute la grandeur de l'univers, quelle chose humaine peut avoir encore de la grandeur ? Considérant tour à tour les passions des hommes et l'extrême brièveté de la vie, que pourrait-il y avoir de grand aux yeux du sage, sentinelle toujours vigilante de son âme, et si attentive que rien ne peut lui arriver qui n'ait été prévu, attendu, qui soit absolument nouveau ? Il jette enfin sur le monde un regard si pénétrant qu'il aperçoit toujours une demeure possible, un lieu où vivre sans chagrin ni angoisse, capable ainsi, quelque malheur que le sort lui envoie, de s'arranger de lui et de le supporter sans y perdre sa tranquillité. Qui pourra en faire autant se verra non seulement exempt de chagrin, mais de toutes les autres passions. Et une âme exempte de passions, voilà l'unique moyen d'atteindre à la perfection, à l'absolu du bonheur, alors que celle qui, ébranlée par les passions, se coupe de la droite raison et de ses certitudes, y perd non seulement son équilibre mais sa santé.

Critique de la thèse péripatéticienne : fixer une limite aux passions

Voilà pourquoi nous taxons de tiédeur et de mollesse la théorie et le discours des péripatéticiens, qui jugent nécessaires les passions, se contentant de leur fixer une limite à ne pas franchir. Fixer une limite au vice ! Transgresser les préceptes de la raison ne serait donc pas un vice ? La raison parlerait-elle trop peu clairement quand elle te dit que le bien, ce n'est pas cet objet que tu appelles de tes vœux et dont la possession t'envahit d'une joie inconvenante ? Que le mal ne se confond pas avec le malheur dont l'irruption t'abat et dont l'attente inquiète te fait déraisonner ? Est-elle trop peu claire quand elle affirme que l'excès, de tristesse ou de joie, provient toujours d'une erreur de jugement ? Erreur que d'ailleurs le temps se charge à lui seul de dissiper, même chez ceux qui déraisonnent – selon qu'il est déjà ancien ou tout nouveau, un même événement est vécu bien différemment –, et qui ne doit pas même effleurer le sage.

Car enfin, où placera-t-on cette fameuse limite ? Cherchons donc où se trouve la limite du chagrin, qui les préoccupe tout particulièrement. Fannius, dans ses *Annales,* note la vivacité du chagrin qui affecta Publius Rufilius devant l'échec de son frère au consulat : chagrin certes concevable, mais qui semble pourtant avoir dépassé la limite, puisqu'il en est mort... A en croire les péripatéticiens, il aurait donc dû contenir son chagrin dans des limites plus étroites ? Soit ; mais supposons qu'il l'eût fait, et qu'il eût appris par là-dessus la mort de ses enfants : c'eût été un nouveau chagrin, lui aussi « limité », admettons-le ; un énorme surcroît de chagrin, toutefois ! Et que serait-il arrivé s'il avait eu à endurer ensuite de graves douleurs physiques, s'il eût dû perdre ses biens, devenir aveugle, partir en exil ? Chaque nouveau malheur constituant un surplus de chagrin, on arriverait, en les additionnant, à un total qui aurait pesé d'un poids vraiment écrasant !

Ainsi, chercher à fixer une limite au vice, c'est faire comme si l'on croyait possible de se jeter du haut du rocher de Leucate [13'] et d'arrêter sa chute à volonté ! Mais c'est impossible, et l'âme, elle non plus, ne peut, une fois envahie par le trouble et l'excitation des passions, se reprendre ni s'arrêter à volonté sur cette pente. Ce qui devient pernicieux avec le temps est vicieux dès l'origine ; et le chagrin, comme toute passion, pernicieux quand il a atteint un certain développement, charrie donc dès sa naissance un poison redoutable : à peine a-t-on quitté la raison que les passions se déchaînent ; notre faiblesse, indulgente à elle-même, nous entraîne toujours plus loin sur cette mer des passions, et ne trouve plus de lieu où jeter l'ancre. Et donc, donner son approbation à des passions modérées, cela revient à approuver une injustice modérée, une lâcheté modérée, une intempérance modérée : c'est exactement la même chose. Fixer une limite aux vices, c'est déjà en assumer une partie. Conduite certes haïssable, mais surtout fort périlleuse, car les vices se tiennent sur un terrain glissant, et une fois l'élan donné, ils descendent la pente, sans rien à quoi se raccrocher.

Critique de l'utilité des passions

Et que dire quand ces mêmes péripatéticiens, non contents de trouver naturelles les passions dont nous jugeons, nous, qu'il faut à tout prix les extirper, estiment que ce don de la nature est fort utile ? Voici ce qu'ils disent : ils commencent par l'éloge de la propension à la colère – pierre où s'aiguiserait le courage. Qu'on doive mener un assaut contre un ennemi extérieur ou un concitoyen malhonnête, la combativité de la colère est incomparablement plus vive que celle qui peut naître de ratiocinations de ce genre : « oui, il est juste de livrer cette bataille, c'est un devoir moral de défendre les lois, la liberté, la patrie ». Ce discours n'est pour eux d'aucun effet si la colère ne vient pas fourbir les armes du courage. Leur analyse d'ailleurs ne se limite pas aux cas de conflits : pour exercer un commandement avec une suffisante autorité, on a aussi besoin de la rigueur que donne la colère ; enfin, pour être un bon orateur (qu'on soit l'avocat ou la partie civile), il faut être stimulé par la colère ; quand celle-ci ferait défaut, l'orateur se doit de la simuler, verbalement, gestuellement, s'il veut que sa prestation allume en retour la colère de son public. Bref, on n'est pas un homme à leurs yeux si on ne sait pas se mettre en colère, et ce que nous appelons douceur de caractère, ils l'appellent, eux, lenteur à s'émouvoir.

Éloge de la colère qui, au-delà de cette passion particulière (je rappelle à ce propos ma récente définition de la colère : un violent désir de vengeance), est un éloge de tout ce qui entre dans la catégorie du désir ou de l'avidité : passions pour eux des plus utiles, heureux don de la nature, le désir donnant seul à l'homme les moyens d'une brillante réussite. Et l'on convoque Thémistocle [14], qui déambulait la nuit par les rues, parce qu'il ne pouvait, disait-il, trouver le sommeil, expliquant, quand on lui demandait la cause de ses insomnies, que les trophées de Miltiade l'empêchaient de dormir. Ou c'est Démosthène – qui n'a pas entendu parler de ses veilles ? – déclarant ne pouvoir souffrir de se voir battu par un artisan qui s'était mis au travail plus matin que lui. A les en croire, les maîtres de la philosophie eux-mêmes n'auraient jamais poussé si loin leurs recherches sans la flamme de la passion. Pythagore, Démocrite, Platon, se sont rendus, dit-on, jusqu'au bout du monde, estimant de leur devoir d'aller partout où il y avait quelques chose à apprendre : croyons-nous vraiment, disent les péripatéticiens, qu'ils en auraient été capables sans l'aiguillon d'un désir brûlant ?

Le chagrin lui-même – pour nous bête sauvage, monstre énorme, horrible, à fuir à tout prix – est bien loin d'être inutile à leurs yeux : don de la nature, afin que châtiments, reproches, déshonneur, soient une souffrance pour l'homme qui a commis une faute, l'impunité leur semblant assurée dès qu'on peut endurer sans en souffrir opprobre et infamie. Le progrès moral serait lié aux remords de conscience ; d'où ce trait, dans une pièce d'Afranius : à la lamentation d'un fils dissolu,

Hélas ! Je suis bien à plaindre !

un père rigoureux répond :

Tu as de la peine ? C'est l'essentiel !

Utiles aussi, les autres sortes de chagrin : la pitié, disent-ils, est le moteur de l'assistance, une incitation à soulager les malheureux injustement frappés ; les sentiments de rivalité, de jalousie même, ne sont pas inutiles, car ils font prendre conscience qu'on n'a pas obtenu ce qu'un autre a obtenu, ou que cet autre est parvenu à la même chose que vous. Supprimer la crainte, ce serait supprimer du même coup tout souci de moralité, sens moral qu'intensifie la crainte des lois, des magistrats, de la pauvreté, de l'opprobre, de la mort, de la douleur. S'ils reconnaissent qu'il faut quelque peu tailler dans ces passions, ils maintiennent qu'il n'est ni possible ni souhaitable de les éradiquer : en toute chose, c'est le juste milieu qui leur paraît la meilleure formule.

Eh bien, qu'en penses-tu ? Leurs idées valent-elles quelque chose ou rien ?

– Je dois dire qu'il y a là quelque chose. Et je me demande ce que tu vas trouver comme objections.

Réfutation de l'utilité des passions

– Il ne me serait peut-être pas impossible d'en trouver.

Mais avant, dis-moi, as-tu remarqué l'extrême modestie des académiciens ? Ils ne disent que ce qui sert l'essentiel, laissant aux stoïciens le soin de répondre aux péripatéticiens. Au reste, ces deux écoles peuvent bien se battre en duel : je n'ai pas à prendre parti, mais à rechercher la position la plus proche à mes yeux de la vérité. Demandons-nous donc désormais, sur ce sujet, ce qui nous permettrait d'atteindre au vraisemblable, limite au-delà de laquelle l'esprit humain ne saurait aller. Nous trouverons un élément intéressant dans la définition, juste, à mon avis, que donne Zénon de la passion : « La passion est un bouleversement déraisonnable de l'âme, et contraire à la nature. » Ou, plus brièvement, c'est une excessive appétence, l'excès étant à l'opposé de l'équilibre naturel. Qu'objecter à une telle définition ? Comme presque toujours chez les stoïciens, frappée au coin de la sagesse et de la pénétration, tandis que celles des péripatéticiens – celle-ci par exemple : « Passions, brandons de l'âme, pierre où s'aiguisent les vertus » ! – viennent tout droit des pompes de la rhétorique ! Eh quoi vraiment ? Un homme courageux ne pourra l'être à moins de se mettre en colère ? Ceci vaut peut-être pour un gladiateur, encore que même chez eux, on rencontre souvent une réelle égalité d'humeur : « Ils se parlent, ils s'abordent, ils s'informent, ils se demandent des services », montrant par là plus de calme que de colère. Admettons toutefois qu'un Pacidéianus rentre dans leur catégorie, et soit d'humeur à dire, comme il le fait chez Lucilius [15] : « Oui, puisque vous voulez le savoir, je le jetterai à terre, j'aurai raison de lui ! Voici comment je m'y prendrai : je le laisserai m'atteindre au visage pour mieux lui enfoncer mon glaive dans la gorge et les poumons, à cet ordure ! Je le hais, celui-là ; c'est la colère qui me pousse au combat, et je bous d'impatience qu'il se saisisse de son glaive, tant cette haine me transporte de colère ! » Chez Homère [16] toutefois, nous voyons Ajax bien éloigné de cette irascibilité de gladiateur : quand il va se battre contre Hector, il est dans un état de joyeuse excitation, ce qui ne l'empêche pas, dès qu'il a pris les armes, de semer la joie dans son camp et la terreur chez l'adversaire ; à tel point qu'Hector lui-même – tel qu'Homère le dépeint – en tremble jusqu'au fond du cœur et regrette de l'avoir provoqué au combat. Encore ces deux-là, avant d'en venir aux mains, échangent-ils quelques mots calmes, polis ; ils ne montrent d'ailleurs pas davantage de colère ni de rage au cœur même du combat. Je ne peux non plus m'imaginer que le fameux Torquatus [17], celui qui le premier reçut ce surnom, ait obéi à la colère quand il arracha son collier au Gaulois, pas plus que Marcellus, quand il montra à Clastidium son exceptionnel courage. Et de l'Africain [18], plus proche de nous et donc mieux connu, je pourrais même quasiment jurer qu'aucune colère ne l'enflammait lorsqu'en pleine bataille, il couvrit Marcus Alliénius Paelignus de son propre bouclier tout en enfonçant son glaive dans le cœur de l'ennemi. Pour L. Brutus [19], j'hésiterais davantage ; il n'est pas impossible que la haine sans limites qui l'animait contre un tyran ait déchaîné la violence de son assaut contre Arruns : je constate en effet que chacun d'eux est tombé sous les coups de l'autre, et dans un corps à corps. Cet exemple mis à part, pourquoi faire intervenir ici la colère ? Le courage n'a-t-il donc pas d'élan qui lui soit propre, sans qu'il soit besoin de déraisonner ? Eh quoi ? Hercule [20], à qui son seul courage (que vous appelez inclination à la colère) valut de monter au ciel, était donc en colère contre le sanglier d'Érymanthe ou le lion de Némée ? C'est par colère que Thésée [21] empoigna les cornes du taureau de Marathon ? Faites attention : il se pourrait que le courage n'ait rien à voir avec la rage, et le penchant à la colère, tout à voir avec l'inconséquence ! Non, aucun exemple de courage qui n'ait la raison pour compagne.

La conviction que les choses humaines sont méprisables, négligeable la mort et supportables douleurs et épreuves, voilà ce qui suffit à faire naître le courage dans toute son inébranlable fermeté – à moins de présumer que tout élan un peu généreux n'est l'indice d'un penchant à la colère. Pour ma part, je ne peux croire que Scipion [22] lui-même, je veux parler du célèbre grand pontife qui a brillamment confirmé la véracité de la formule selon laquelle « le sage n'est jamais un simple particulier », ait été en colère contre Tibérius Gracchus lorsqu'il abandonna un consul défaillant et invita tous ceux qui voulaient sauver l'État à le suivre, lui. Je ne saurais affirmer que j'ai personnellement fait preuve de courage dans les affaires publiques [23], mais si c'est bien le cas, à coup sûr ce n'était pas sous le coup de la colère. Y a-t-il d'ailleurs état plus proche de la folie que la colère, ce « commencement de folie », selon le mot si juste d'Ennius ? Altération du teint, de la voix, du regard, du souffle, paroles et actions inconsidérées, la colère laisse-t-elle en nous quelque chose d'intact ? Quoi de plus choquant que le spectacle de la querelle d'Achille et Agamemnon[24] chez Homère ? Colère qui d'ailleurs conduisit Ajax au délire et à la mort. Non, le courage n'a nul besoin de s'appuyer sur un tel penchant : il est suffisamment armé, équipé, préparé en lui-même. Pourquoi ne pas dire aussi que les gens ivres témoignent souvent de plus de fougue dans leurs actions ? Ajax est toujours courageux, mais il l'est tout particulièrement lorsqu'il délire : « Son plus grand exploit, il l'a réalisé en utilisant ses seules forces pour décider du combat, profitant du désarroi des Grecs. » Sa folie lui a permis de retourner la situation ; doit-on en conclure que la folie est utile ? Examine attentivement les définitions du courage, et tu verras qu'elles n'ont nul besoin de recourir au courroux. Nous dirons donc que le courage est « une disposition de l'âme à obéir à la loi suprême, dans les situations qui exigent de l'endurance », ou qu'il est « la capacité de garder un jugement ferme, quand il s'agit d'affronter et de triompher de la sensation du danger », ou encore « la science des choses redoutables, désirables ou indifférentes, science qui permet de conserver une parfaite sûreté de jugement sur ces choses », ou enfin, plus brièvement – et en suivant cette fois Chrysippe et non plus, comme ci-dessus, Sphaerus, qui, de l'avis des stoïciens, reste inégalé dans l'art de la définition ; car, en dépit de leur ressemblance, telle ou telle d'entre elles fait mieux ressortir les idées qui sont leur fond commun – en suivant donc, disais-je, Chrysippe : « le courage est la science de ce que l'on doit endurer, ou une disposition de l'âme à obéir sans peur à la loi suprême, dans les situations qui exigent patience et endurance. »

On peut bien critiquer les stoïciens, comme Carnéade se plaît à le faire : ils sont, j'en ai bien peur, les seuls véritables philosophes ! Est-il une seule de leurs définitions qui ne parvienne à mettre en pleine lumière cette notion de courage, notion que nous possédions sans doute, mais à l'état d'intuition confuse ? Cette lumière faite, y aura-t-il encore quelqu'un pour exiger d'un combattant, d'un chef ou d'un acteur autre chose que ce seul courage, et pour penser qu'à moins d'être enragés, ils ne peuvent rien accomplir de courageux ? Car enfin, en affirmant qu'être privé de sagesse, c'est être privé de raison, ne lient-ils pas étroitement colère et déraison ? Évidemment, si tu retires du champ de la folie les passions en général et la colère en particulier, leurs paroles sembleront des énormités ; mais ils ont soin de préciser qu'en traitant d'insensés les hommes dépourvus de sagesse, ce qu'ils veulent dire, c'est que la boue sent mauvais. – Eh ! pas toujours ! – Remue-la, et tu verras ! Mais tu vas trouver une nouvelle objection : un homme irascible n'est pas toujours en colère. Excite-le, et tu le verras bientôt entrer en fureur ! Et puis, cette irascibilité si propre à la guerre, comment se comporte-t-elle une fois de retour à la maison, avec femme, enfants, maisonnée ? Diras-tu encore qu'elle est utile ? Il existe donc un domaine où, pour réussir brillamment, mieux vaut avoir l'esprit dérangé qu'être un homme équilibré ? Non ? Alors, serait-ce par hasard qu'on peut se mettre en colère sans avoir l'esprit dérangé ? Ah, comme ils sont sages, nos Romains, qui ont réservé le qualificatif de « caractériels » aux seuls colériques, quand tous les vices renvoient au caractère !

Et pour l'orateur[25], s'il peut à bon droit simuler la colère, il ne doit pas s'y abandonner réellement. Me diras-tu que nous sommes vraiment en colère lorsque nous nous lançons dans un âpre et fougueux plaidoyer ? ou qu'une fois le procès jugé et clos, quand nous mettons par écrit notre intervention, c'est la colère qui guide notre main ? Allons donc ! « Quelqu'un fait cette remarque ? Ligotez-le ! » Ce vers, crois-tu qu'Ésope ait été en colère quand il le déclamait sur scène ou que la colère l'ait dicté à Accius ? Il n'y a là que brillants effets de manches, où l'orateur, s'il est digne de ce nom, se révèle encore meilleur acteur qu'aucun acteur, sans perdre pour autant, dans ce jeu où il garde la tête froide, son calme intérieur.

Quant à faire l'éloge des bizarreries du désir, quelle bizarrerie est-ce là ? Vous nous lancez à la tête Thémistocle, Démosthène et Platon, mais quoi ? Leur amour de la philosophie n'est donc à vos yeux qu'une bizarrerie du désir ? Encore cet amour des meilleures choses, comme ici, doit-il être, lui aussi, exempt d'effervescence, et tranquille. Et l'éloge du chagrin, sentiment détestable entre tous, de quels étranges philosophes est-ce donc le fait ? Vous êtes bien contents qu'Afranius ait dit : « Tu as de la peine ? C'est l'essentiel ! » Mais attention : il l'a dit à propos d'un adolescent à la dérive, aux mœurs dissolues, non d'un homme équilibré et sage ! Et quand bien même votre fameuse colère enflammerait un centurion, un porte-étendard – liste qu'on pourrait décliner à l'infini, mais mieux vaut l'arrêter là pour ne pas jeter trop de clarté sur les mystères de la rhétorique ! Je vous l'accorde : à qui ne peut utiliser la raison, il peut être utile de s'appuyer sur une émotion ; mais, encore une fois, c'est du sage que nous parlons !

On se rabattra alors sur l'utilité de la jalousie, de l'esprit d'émulation, de la pitié. Mais pourquoi pleurer sur une souffrance qu'on peut soulager ? Et ne pouvons-nous nous montrer généreux sans éprouver de la pitié ? Notre devoir n'est pas d'endosser le chagrin d'autrui, mais d'alléger ce chagrin quand nous le pouvons. Quant à jalouser autrui, ou à se vouloir son émule, émulation vicieuse qui ressemble fort à la rivalité amoureuse, où est l'utilité d'un tel besoin ? Rivaliser, n'est-ce pas se condamner à cette angoisse de voir autrui jouir d'un bien qui nous échappe ? Jalouser, n'est-ce cette angoisse de voir autrui jouir du même bien que nous ? Qui donc irait approuver l'homme qui se jette dans le chagrin avant même d'avoir tenté sa chance ? Et vouloir être le seul possesseur d'un bien, c'est là folie pure.

Réfutation de l'idée des passions moyennes

Quant à tenir le « juste milieu » en matière de vices, qui pourrait bien trouver là matière à éloge ? Peut-il y avoir en nous du désir ou de l'avidité sans que ces sentiments n'aient fait de nous leur proie ? Peut-on avoir laissé s'installer la colère sans être devenu coléreux, l'angoisse, sans être un angoissé, la peur, sans être peureux ? Nous représentons-nous donc le sage comme un être de désir, un homme coléreux, anxieux, peureux ? On pourrait s'étendre à l'infini sur l'excellence du sage, mais nous serons brefs et dirons simplement que la sagesse est la science des choses divines et humaines, et la connaissance de leurs causes. C'est pourquoi le sage est conduit à imiter le divin, conscient de l'infériorité des choses humaines sous le rapport de la vertu. Et c'est cette sagesse dont tu as dit qu'elle pouvait être sujette aux troubles de la passion, comme une mer balayée des vents ? Qu'est-ce qui pourrait donc perturber un tel équilibre, une si ferme constance ? Un événement imprévu, brutal ? Mais que peut-il arriver de tel à l'homme qui a su prévoir tout ce qui peut arriver à un homme ? A cet argument enfin, selon lequel il faut simplement retrancher ce qui est excessif, tout en acceptant ce qui relève de la nature, nous répondrons par cette question : est-il possible que ce qui relève de la nature soit entaché d'excès ? Non, toutes ces théories sont issues d'erreurs qui ont poussé loin leurs racines : ce qu'il faut, c'est arracher la racine de l'erreur, l'extirper, et non se contenter de couper ou tailler dedans.

THÉRAPIE DES PASSIONS

Soigner la cause occasionnelle du trouble ou le trouble lui-même ?

Mais je te soupçonne de t'intéresser moins au sage qu'à toi-même : n'est-il pas, lui, affranchi des passions, libération qui chez toi n'est encore qu'une aspiration ? Examinons donc la valeur des remèdes que nous offre la philosophie pour soigner les maladies de l'âme. Car il existe, sans nul doute, une médecine appropriée : la nature ne s'est pas montrée à ce point ennemie acharnée du genre humain qu'elle ait tant produit pour le salut du corps, et rien pour celui de l'âme ! Elle a même mieux servi la seconde, car le corps doit trouver au-dehors l'aide nécessaire, tandis que le salut de l'âme repose en elle seule. Mais la beauté même de cette âme, son caractère divin, exigent d'autant plus de soins ; or si la raison, correctement employée, nous fait voir où est le meilleur remède, il suffit de la négliger pour tomber aussitôt dans tout un réseau d'erreurs inextricables.

Je m'arrête sur ce sujet ; désormais, c'est vers toi que regardera ma démonstration ; je sais trop bien que si tes questions concernent officiellement le sage, c'est pour toi que tu veux des réponses.

Les passions que j'ai évoquées ont donc chacune un traitement approprié. Toute espèce de chagrin, par exemple, ne relève pas d'une thérapie unique : il est une pour le deuil, une autre pour l'apitoiement, une autre encore pour l'envie. Il faut aussi, pour les quatre espèces de passions, bien discerner ce sur quoi l'on veut faire porter le traitement : sur la passion en général, comme mépris de la raison et excès d'appétence, ou sur ses formes particulières – chagrin, désir ou autres ? Sur la cause occasionnelle du chagrin – on démontrera alors qu'elle est supportable – ou sur la nécessité de supprimer toute espèce de chagrin, quelle qu'en soit la cause ? Quand un homme se plaint de sa pauvreté, faut-il lui prouver que la pauvreté n'est pas un mal, ou que l'homme doit tout supporter sans amertume ? Cette dernière solution est évidemment la meilleure, car elle évite l'échec possible de la démonstration antérieure ; en effet, si le malade restait sceptique devant ton analyse de la pauvreté, tu n'aurais plus qu'à laisser le chagrin s'installer, alors qu'en t'attaquant d'emblée au chagrin par des raisonnements appropriés – raisonnements que nous avons développés hier, troisième journée de nos discussions – on supprime en même temps le malheur d'être pauvre. Je ne dis pas qu'en démontrant que le bien ne doit pas être confondu avec ce qui éveille la joie ou le désir, ni le mal avec ce qui provoque crainte ou chagrin, on ne puisse purifier l'âme de ce genre de passion ; mais le traitement le plus sûr, la véritable cure, c'est de prouver que les passions sont vicieuses en elles-mêmes, qu'elles n'ont rien de naturel, aucune espèce d'utilité ; ainsi voyons-nous l'amertume du chagrin s'adoucir quand nous reprochons à un affligé sa faiblesse, son air de femmelette, à quoi nous opposons la beauté de l'équilibre et de la constance, apanage de ceux qui ne se laissent pas perturber par les hasards de la vie. Cette résistance, on la trouve, et souvent, chez ceux-là mêmes qui voient des maux véritables dans les épreuves qu'ils subissent, mais qui estiment de leur devoir de les supporter d'une âme égale. Prenons un homme pour qui le plaisir est bien, et un autre pour qui le bien, c'est l'argent : on pourra, par cette méthode, les arracher, l'un à son intempérance, l'autre à son avidité. Quant à l'autre type de traitement – éliminer d'un même mouvement l'erreur de départ et son effet, le chagrin – il est sans doute plus utile, mais s'avère trop rarement efficace, et ne saurait, en tout cas, s'appliquer au commun des mortels. Il y a d'ailleurs certains chagrins qu'une telle médecine est incapable de soulager : ainsi l'angoisse générée par la conscience que toute vertu, toute énergie, tout sens moral, toute honnêteté vous font défaut ; une telle angoisse, bien réelle, exigera un tout autre traitement, un traitement particulier, tous les philosophes en tomberont d'accord, indépendamment de leurs habituelles divergences. Ils doivent bien tous reconnaître en effet que les émotions violentes et irrationnelles sont choses vicieuses, que, même si l'on appelle mal ce qui est à l'origine de la crainte ou du chagrin, et bien la cause objective du désir ou de la joie, la violente émotion qu'on en retire est en soi vicieuse. Ce que donc nous entendons quand nous parlons d'une grande âme, d'une âme forte et courageuse, c'est une âme équilibrée, en repos, solide, et qui sait dominer tous les hasards de la vie. Une telle âme ne peut appartenir à un homme qui s'afflige, craint, désire ou délire de joie : espèce qui croit que le hasard est toujours plus fort que la force d'âme.

Soigner la passion elle-même (comme idée fausse d'un mal)

C'est pourquoi, je le répète, tous les philosophes se rejoignent sur la thérapie qui, négligeant de s'interroger sur la valeur réelle de l'objet qui nous trouble, s'attaque directement à ce trouble. Prenons le cas du désir pris en lui-même ; s'il s'agit uniquement de le supprimer, il est bien inutile de se demander si l'objet du désir est ou non un bien : c'est le désir lui-même qu'il faut éteindre. En suivant cette logique, peu importe qu'on définisse le bien suprême comme sens moral, plaisir, combinaison de ces deux éléments, ou enfin qu'on le range dans les trois catégories reconnues de biens [26] ; une appétence excessive pour ce bien, quand il se confondrait avec la vertu même, relèverait toujours de la même thérapie, qui seule pourrait en délivrer l'âme.

Or la nature humaine, à bien l'examiner, a en elle toutes les ressources nécessaires à l'apaisement de cette âme. Ressources que nous mettrons mieux en lumière en dégageant la condition commune des hommes et la loi de l'existence. Ce n'est pas sans intention qu'à une représentation de l'Oreste d'Euripide, Socrate, dit-on, a fait répéter les trois premiers vers :

Il n'est aucune histoire si terrible, aucun accident du sort,
Aucun malheur envoyé par la colère divine
Dont la nature humaine, par la patience, ne puisse venir à bout.

Il n'est pas inutile non plus, si l'on veut persuader les hommes que l'on peut, et que l'on doit, supporter les coups du sort, de citer en exemple ceux qui en ont été capables. Mais ces moyens d'apaiser le chagrin, je les ai déjà évoqués dans la journée d'hier, comme je l'avais fait plus tôt, dans mes *Consolations*[27], livre écrit en pleine affliction, en pleine souffrance : Je n'étais pas un sage alors... et j'ai fait là précisément ce qu'interdit Chrysippe, à savoir tenter de soigner des abcès qui viennent juste de se former dans l'âme ; oui, j'ai fait violence à la nature, pour venir à bout, par la violence du traitement, de la violence de la douleur.

Mais si nous avons assez parlé du chagrin, nous avons peu parlé de la crainte, sentiment fort voisin du premier. Car si c'est un mal présent qui provoque le chagrin, c'est un mal à venir qui provoque la crainte, ce qui faisait dire à certains que la crainte est, en quelque sorte, partie du chagrin, et à d'autres, qu'elle est « anticipation du chagrin », étant l'avant-garde de la peine. Les mêmes méthodes permettront donc de supporter les maux présents et de mépriser les maux à venir : dans les deux cas, il faudra soigneusement se garder de tout soupçon de servilité, de soumission, de lâcheté, d'effémination, d'abattement ou de découragement. Pour en venir à la crainte en elle-même, on pourra, certes, insister sur le déséquilibre, la faiblesse, l'inconséquence dont elle témoigne ; mieux vaudra pourtant amener le malade à mépriser l'objet même de sa crainte. Nous avons donc fort bien fait – que nous l'ayons fait à dessein ou non –, hier et avant-hier, de commencer nos discussions en traitant de la mort et de la souffrance, car ce sont les principales sources de crainte. Si nous avons été convaincants, alors nous voilà, pour une bonne part, libérés de la crainte.

Soigner l'idée fausse qu'on se fait d'un bien

En voilà assez cette fois sur l'idée fausse qu'on se fait des maux. Examinons maintenant les erreurs de jugement à propos des biens – je veux parler de la joie et du désir. Pour ma part, dans toute l'argumentation qui a trait aux troubles engendrés par les passions, l'idée qui me paraît contenir à elle seule la solution du problème, c'est celle-ci : que toutes les passions dépendent de nous, étant toutes issues d'un jugement où intervient notre volonté. C'est donc de cette erreur initiale de jugement qu'il faut se défaire, c'est cette opinion fausse qu'il faut repousser. Pour cela, comme nous avons tenté de rendre tolérables des maux prétendument intolérables, il faudra ramener à mesure ordinaire ce qui nous paraît être une extraordinaire raison de se réjouir. Point commun, encore, aux biens et aux maux, que la difficulté probable de persuader le malade qu'aucun des objets qui sont source de perturbation pour l'âme n'est à mettre au nombre des biens ni des maux, et, nonobstant, la nécessité d'un traitement différent, d'une analyse différente, pour chaque type de passion – selon qu'on veut traiter la malveillance, le libertinage, l'anxiété ou la timidité. On eût d'ailleurs pu sans peine, en suivant l'analyse la plus convaincante du problème des biens et des maux, soutenir qu'un homme dépourvu de sagesse ne peut jamais connaître la joie, puisqu'il ne peut avoir accès au bien véritable[28] ; mais nous parlons ici le langage de tout le monde.

Admettons donc que ce que l'on met au nombre des biens, honneurs, richesse, plaisir, et autres choses semblables, soient véritablement des biens : déborder et délirer de joie parce qu'on entre en possession de l'un de ces biens n'en sera pas moins chose honteuse ; passe encore pour un simple rire, mais aller jusqu'à rire aux éclats sera sévèrement jugé. Que l'âme s'abandonne à une effusion de joie ou que le cœur se serre de douleur, tout cela procède du même vice ; c'est la même inconséquence qui, dans le cas de l'appétence, provoque l'avidité, et, dans celui de la jouissance, ces transports. A s'abandonner à une joie frénétique, on se montre aussi léger qu'à se laisser totalement abattre par le chagrin ; et bien que l'envie relève plutôt du chagrin, et le plaisir pris au malheur d'autrui, de la joie, ces deux passions suscitent d'ordinaire les mêmes reproches, reproches d'inhumanité et de barbarie. Enfin, la crainte est à la certitude intérieure ce que la joie (puisque nous avons choisi, pour les besoins de notre démonstration, de connoter péjorativement ce terme) est au contentement : un défaut qui s'oppose à une qualité. Notons cependant, une nouvelle fois, que sentir son cœur se serrer ne peut jamais être une réaction raisonnable, tandis qu'on a parfois raison d'éprouver un sentiment d'heureuse exaltation. Tout autre, en effet, est cet élan d'Hector, dans la pièce de Naevius :

« Je suis heureux de recevoir de toi ces éloges, père, de toi, si digne d'éloges ! », et l'effusion à laquelle s'abandonne le personnage de Trabea :

« Amadouée par mon argent, la maquerelle va guetter mes moindres désirs, mes moindres vœux. En arrivant, je n'aurai qu'à pousser la porte du doigt : elle s'ouvrira à deux battants ! Surprise de mon arrivée, Chrysis m'aura à peine aperçu qu'elle s'élancera, toute joyeuse, à ma rencontre, brûlant d'envie d'être dans mes bras – et elle se donnera à moi ! »

Cette Chrysis lui cause en effet un ravissement qu'il ne cache pas :

« La Chance elle-même n'arrive pas à la cheville de ma chance ! »

Le caractère méprisable d'une telle joie ne peut que sauter aux yeux d'un spectateur lucide.

Si transports et perte de tout contrôle dans l'instant de la jouissance amoureuse sont chose blâmable, mourir d'envie de jouir n'est pas plus noble. Dans son ensemble, d'ailleurs, tout ce qu'on appelle vulgairement l'amour (et à vrai dire, je ne vois quel autre nom on pourrait bien lui donner...), est d'une inconséquence à nulle autre pareille. C'est donc là le sentiment chanté par Caecilius, qui jugeait « sot ou vraiment naïf celui qui ne voit pas dans l'amour le dieu suprême, lui qui peut, à son gré, faire de nous des insensés ou des sages, qui peut choisir de nous guérir ou de nous rendre malades, qui peut faire qu'à notre tour nous soyons aimés, désirés, recherchés » !

Belle école de morale que la poésie, vraiment, qui estime que l'amour, cet incitateur à la débauche, ce maître d'inconséquence, doit être mis au rang des dieux ! La comédie, elle, n'existerait tout simplement pas sans notre indulgence pour ces turpitudes. Et la tragédie ? Écoutons les paroles de l'illustre chef des Argonautes [29] : « L'amour, et non la simple humanité, t'a poussée à me sauver. » Quel éloge est-ce là, quand on sait tout l'incendie de malheurs allumé par l'amour de Médée ? Laquelle a l'audace, chez un autre poète, de dire à son père qu'elle a un « époux, et donné par l'Amour, certes plus puissant et plus influent qu'un père » ! Mais laissons les poètes à leurs folies ; à lire leurs fables, Jupiter lui-même se roule dans le stupre. Venons-en aux vrais professeurs de vertu, aux philosophes. Eux nient que le désir de jouissance sexuelle soit à l'origine de l'amour, combattant sur ce point Épicure – qui pourtant, à mon avis, ne se trompe guère en l'occurence... Qu'est-ce en effet que cet amour qui ferait le fond de l'amitié ? S'il existe, pourquoi alors ne voit-on jamais personne s'éprendre d'amitié pour un adolescent sans beauté ou pour un beau vieillard ? C'est dans les gymnases grecs, apparemment, où ce genre d'amour a toute licence d'exister, qu'est née cette amitié particulière... Ennius n'a donc pas tort de dire :

Se mettre nu en public, c'est le commencement de la débauche.

Admettons pourtant, et je le crois d'ailleurs possible, que ces amours-là soient chastes. Les amoureux n'en sont pas moins inquiets, anxieux même, et d'autant plus qu'ils ne doivent compter que sur eux-mêmes pour tenir en bride et sous contrôle leur désir. Laissons l'amour des femmes, qui a pour lui, dans une large mesure, la nature ; mais qui ne devine à quoi font allusion les poètes lorsqu'ils parlent du rapt de Ganymède [30] ? Qui ne comprend où veut en venir Laïos, dans la pièce d'Euripide, qui ne perçoit la nature de son désir ? Quels aveux implicites enfin, dans les poèmes et dans les chants des hommes les plus cultivés, des plus grands poètes ? Bien connu de ses concitoyens pour son courage, que n'a pas écrit Alcée sur l'amour des jeunes gens ? Toute la poésie d'Anacréon[31] est celle d'un expert en amour ; quant à Ibycus de Rhégium, nul doute, à lire ses vers, qu'il ait été le plus inflammable de tous !

Si tous ces poèmes chantent un amour qui est désir de jouir, nous-mêmes, philosophes, suivant en cela Platon (Dicéarque n'a pas tout à fait tort de le critiquer sur ce point), ne sommes-nous pas venus apporter notre caution à l'amour ? Les stoïciens ne vont-ils pas même jusqu'à dire du sage qu'il a « une disposition à aimer », et, de l'amour, qu'il est « une tension de l'âme vers un lien d'amitié, amitié inspirée par une certaine idée de la beauté » ? J'admets d'ailleurs que si la nature a produit un sentiment au monde qui soit libre d'inquiétude, de regret, de souci, de soupçon, c'est bien ce sentiment-là. Mais la sexualité n'y ayant aucune part, il ne concerne pas notre démonstration, qui porte sur le désir de jouissance. Il en va tout autrement pour l'autre amour, trop réel, et qui n'est jamais très éloigné de la folie, quand il n'est pas folie pure, comme on le voit dans ce vers de la Leucadienne :

« S'il y avait au moins un dieu pour se soucier de moi ! »

Beau sujet de souci pour les dieux, en vérité, que de procurer à ce personnage les moyens de jouir ! « Hélas, malheureux que je suis ! » Impossible de dire le contraire ! Trop vraie aussi, la réponse qu'il s'attire : « Es-tu sain d'esprit, toi qui te lamentes si légèrement ? » Ainsi même les siens le jugent fou ! Et quels lamentos : « Apollon, vénérable Apollon, viens à mon secours ! Je t'invoque, toi aussi, tout-puissant Neptune ! Et vous aussi, Vents ! » Il s'imagine donc que l'univers entier va se déplacer pour soulager ses peines d'amour ? Il n'exclut que Vénus, la jugeant trop incertaine : « A quoi bon t'invoquer, Vénus ? ». C'est le désir amoureux, explique-t-il, qui empêche cette déesse de se soucier d'autre chose que de ses amours. Comme si son propre désir, à lui qui parle ainsi, ne lui faisait pas dire et faire tant de honteuses folies !

Quant au traitement approprié à cette passion, il consiste à démontrer au malade toute l'inconsistance de l'objet tant désiré, son caractère méprisable, son peu de valeur, et à lui faire comprendre que cet objet, il lui serait facile de l'obtenir ailleurs, ou par un autre moyen, ou tout aussi facile de le tenir pour négligeable. Parfois, il est nécessaire de divertir le malade, de susciter en lui d'autres penchants, d'autres intérêts, d'autres soucis, d'autres affaires ; malade ou convalescent, un voyage est souvent la cure efficace ; il arrive encore que, comme un clou chasse l'autre, un nouvel amour soit la meilleure formule pour chasser l'ancien. Mais le plus sûr, c'est de rappeler au malade quelle folie est l'amour. Non, de toutes les passions de l'âme, aucune qui soit plus violente, au point que, sans même souligner les turpitudes qu'elle entraîne – stupre, corruption, adultère, inceste enfin, dont on ne peut que dénoncer l'infamie – sans même évoquer cela, son caractère dégradant est déjà tout entier dans le bouleversement mental dont elle est responsable. Passons même sur les effets de l'« amour fou » : que d'inconséquences, déjà, dans ces amours que l'on juge tièdes !

« Blessures, soupçons, rancunes, trêve, guerre, paix

à nouveau. Dans une telle confusion, tu prétends garder la tête froide ? Autant vouloir déraisonner de sang-froid [32] ! » Qui ne serait pas dégoûté par l'illogisme même de ce déséquilibre, de cette instabilité ? Il ne faut pourtant pas négliger de rappeler au malade, au-delà du problème particulier de l'amour, ce trait propre à toute passion : à savoir qu'elles dérivent toutes d'opinions, d'ailleurs fausses, d'un jugement, d'une volonté. Car si l'amour était pur effet de la nature, personne n'y échapperait, et ce serait un amour fidèle, éternel, dont rien, ni pudeur, ni réflexion, ni satiété, ne pourrait nous détourner.

Quant à la colère, aussi longtemps qu'elle trouble l'âme, elle est bien proche de la folie, elle dont l'élan peut provoquer une telle querelle entre frères :

– Y a-t-il jamais eu quelqu'un de plus impudent que toi ?

– Et de plus pervers que toi ?

Tu connais la suite : injures des plus grossières, que vient souligner la stichomythie, et où les personnages se révèlent dignes fils d'Atrée [33], l'homme qui a préparé à son propre frère un châtiment inédit :

« Il me faut ourdir une plus terrible ruse, un plus terrible malheur, si je veux briser ce cœur si dur. »

Et à quelle catastrophe aboutit cette machination ? Écoutons Thyeste :

« Et c'est mon frère, oui, mon frère, qui m'a invité, malheureux que je suis, à dévorer mes propres enfants ! »

Pour quelle raison, d'ailleurs, la colère n'irait-elle pas aussi loin qu'un vrai délire ? On n'a donc pas tort de dire, des gens en colère, qu'ils ont perdu le contrôle de soi, c'est-à-dire tout pouvoir de juger, de raisonner, de penser.

Face à cela, on aura donc le choix entre deux traitements : ou bien séparer, le temps qu'ils se reprennent, les gens en colère de ceux à qui ils en ont, pour éviter qu'ils ne se jettent sur eux – et se reprendre, ce n'est pas autre chose que réunir ce qui a été dispersé, à savoir les parties de l'âme ; ou bien les prier et supplier de différer quelque peu l'assouvissement de leur vengeance (au cas où ils auraient les moyens de celle-ci), jusqu'à ce que le feu de la colère s'éteigne. Un feu qui s'éteint : l'image suggère clairement qu'il y a eu embrasement irraisonné de l'âme. Voilà pourquoi on loue cette réaction d'Archytas, furieux contre son régisseur :

Tu as de la chance que je sois en colère !

Où sont-ils donc, ceux qui jugent utile le penchant à la colère ? La folie est donc utile ? Où sont donc ceux qui le disent naturel ? On peut donc suivre la nature quand on combat la raison ? Et à supposer que la colère fût naturelle, pourrait-il y avoir des degrés dans l'irascibilité ? Or il y en a : tout le monde n'a pas la même propension à s'échauffer. Comment une colère « naturelle » pourrait-elle s'arrêter avant d'avoir assouvi son désir de vengeance ? Pourquoi ce repentir, quand on a agi sous le coup de la colère ? Témoin le roi Alexandre, qui faillit se tuer après le meurtre de son ami Clitus, tant était vif son remords.

Nous sommes responsables de nos passions

Cela posé, comment douter, là encore, que cet ébranlement de l'âme ne procède tout entier de l'opinion et de la volonté ? Comment douter que les maladies de l'âme, comme l'avidité ou le désir de la gloire, ne viennent de la haute idée qu'on se fait d'un objet qui rend l'âme malade de désir ? Nous avons là une nouvelle preuve de ce que la passion a partie liée avec l'opinion. Et si l'on peut définir l'assurance comme une certitude intérieure, et indéracinable, comme une véritable science et comme le ferme jugement d'un homme qui ne donne pas son assentiment à la légère, alors la crainte est un manque d'assurance devant un mal inattendu et qui menace. Si l'espoir est l'attente d'un bien, alors la crainte est nécessairement l'attente d'un mal. Et comme la crainte, toutes les autres passions ont partie liée avec le mal : comme la constance repose sur un savoir véritable, la passion repose sur une erreur. En admettant même que ceux qu'on prétend naturellement portés à la colère, à la pitié, à l'envie, etc., aient été dotés par la nature d'une âme malade, cette âme, on peut la guérir ! Rappelons-nous cette histoire qui court sur Socrate : dans une assemblée nombreuse, Zopyre, qui se flattait de deviner le naturel des gens à leur seule apparence physique, avait provoqué un rire général en chargeant Socrate d'innombrables vices que personne ne pouvait voir en lui. C'est Socrate lui-même qui vint à l'aide de son accusateur, en disant que ces vices étaient en effet sa première nature, mais que la raison les avait extirpés de lui. Comme un homme en excellente santé peut être sujet à tel ou tel type de maladie, chaque âme est plus ou moins encline à tel ou tel vice. Mais les vices où la nature n'a point de part et dont l'homme est le seul responsable, ceux-là procèdent d'idées fausses sur les biens et les maux, et ce sont elles qui déterminent en chacun d'entre nous telle propension à telle ou telle émotion et passion. Comme les maladies invétérées, les vices invétérés sont plus difficiles à extirper – travail plus rude encore que de se libérer du trouble passionnel en lui-même : une tumeur aux yeux brusquement apparue est plus vite guérie qu'une ophtalmie chronique.

CONCLUSION

La guérison est possible

Nous savons désormais ce qui cause les passions : elles naissent toutes des idées fausses que forme notre jugement, et de l'assentiment que nous voulons bien leur donner. Ce sujet a donc été suffisamment exploré. Nous devons d'ailleurs reconnaître qu'après la science – dans la mesure où l'homme peut y atteindre – des limites des biens et des maux [33], la philosophie ne peut rien souhaiter de plus important ni de plus utile qu'une réflexion sur les sujets qui ont été les nôtres ces quatre derniers jours. Nous en sommes arrivés au mépris de la mort, nous sommes parvenus à soulager le chagrin, le pire des maux dont puisse souffrir l'homme – certes, toute passion est pénible, et voisine de la folie ; mais, de ceux qui sont la proie de passions comme la crainte, la joie ou le désir, on se contente de dire qu'ils sont travaillés par une violente émotion, qu'ils sont sous le coup d'une grave perturbation ; pour ceux au contraire qui se sont abandonnés au chagrin, viennent les termes de « déprimés », « tourmentés », « infortunés ». Ainsi, loin d'agir au hasard, c'est à dessein, je crois bien, que tu as suggéré que nous traitions séparément du chagrin, et séparément de toutes les autres passions : car c'est bien lui la source et le principe de nos misères.

Mais, comme n'importe quelle maladie de l'âme, le chagrin relève d'une médecine – d'une seule : le fait de comprendre que toute passion procède d'une opinion et de la volonté ; qu'elles ne s'insinuent pas en nous que nous n'y consentions. Cette erreur initiale, la philosophie nous fait la promesse de l'extirper de nous, jusqu'à la racine, puisqu'aussi bien c'est elle la racine de tous les maux. Confions donc nos âmes à la philosophie, et souffrons qu'elle nous soigne : tant que ces maux ont leur demeure en nous, nous ne pouvons prétendre ni au bonheur, ni à la santé. Nous sommes placés devant cette alternative : ou bien dénier à la raison toute efficacité – dénégation erronée, puisqu'au contraire rien de bon ne peut s'accomplir sans elle –, ou bien, puisque philosopher c'est évaluer et soupeser la valeur respective de divers raisonnements, demander à cette raison, si nous voulons être tout à la fois vertueux et heureux, son soutien et son aide pour atteindre à une vie vertueuse, à une vie heureuse.

LE BONHEUR
(Ve TUSCULANE)

SYNOPSIS DE LA CINQUIÈME TUSCULANE

OUVERTURE :

Qu'est-ce que la philosophie ? 75
Méthode philosophique de Cicéron 80
Position du problème ; la vertu suffit-elle à assurer le bonheur ? 80

Première Partie. – EXAMEN THÉORIQUE DU PROBLÈME ET RECOURS AUX EXEMPLES 85

A. Argumentation théorique et réfutation des erreurs .. 85
La promesse de la philosophie 85
Discussion autour d'une objection : ce bonheur n'est-il pas relatif ? 86
Le bonheur réside dans la seule vertu 90
La vie du sage est bien « la vie heureuse » 97
B. Recours aux exemples : Vies comparées d'hommes illustres 102
Portrait du sage. Les trois emplois de la pensée 108

Deuxième Partie. – QUE GARDER DES DIFFÉRENTES DOCTRINES ? RECHERCHE DU VRAISEMBLABLE 117

1. Le bonheur selon les différentes écoles 117
   a. Rappel des quatre théories les plus illustres .. 117
   b. Exemples de vies illustres : tous les philosophes associent vertu et bonheur, dans le refus des faux biens 119
2. Peut-on surmonter pratiquement les obstacles au bonheur ? 121
   a. Obstacles sociaux : pauvreté, obscurité, exil .. 121
   b. Obstacles physiques : cécité, surdité, souffrances 128

CONCLUSION :

Tous les philosophes s'accordent à reconnaître le bonheur du sage 133

QU'EST-CE QUE LA PHILOSOPHIE ?

En cette cinquième journée, Brutus, qui met fin à ces débats de Tusculum, nous avons traité d'un sujet auquel tu tiens tout particulièrement : j'ai cru comprendre en effet, à lire le livre que tu m'as dédié, comme au cours de nos fréquents entretiens, qu'à tes yeux, pour nous mener au bonheur, la vertu n'a besoin que d'elle-même. Thèse quelque peu difficile à faire admettre, eu égard aux innombrables cruautés du sort, thèse qui pourtant vaut la peine d'être défendue avec zèle, car, de tous les sujets dont traite la philosophie, il n'en est aucun de plus grand, de plus magnifique. Si d'ailleurs les premiers philosophes ont jugé bon de renoncer à tout pour elle, et de se consacrer entièrement à la recherche de la meilleure manière de vivre, c'est bien que l'espoir d'atteindre à une vie heureuse justifiait tant de soins et d'énergie dépensés. Et s'ils ont réussi à mettre au jour l'idée de vertu, s'ils sont parvenus à réaliser cette idée ; si d'autre part la vertu est notre meilleure garantie de parvenir au bonheur, qui donc niera encore l'importance de la quête philosophique que nous poursuivons, suivant l'exemple de ces pionniers ? Si au contraire la vertu, soumise aux aléas divers du sort, n'est que l'esclave de la Fortune, si ses forces ne constituent pas une ressource suffisante, alors, je le crains, il nous faut renoncer à fonder notre aspiration au bonheur sur une absolue confiance en elle, et nous contenter de former des vœux. Moi-même, quand je considère toutes les vicissitudes par lesquelles la fortune m'a fait passer, je me mets quelquefois à douter de ces théories et à me défier de la faiblesse, de la fragilité du genre humain. Oui, je crains alors que la nature, en nous donnant un corps trop vulnérable, affligé de maladies incurables et de douleurs intolérables, ne nous ait dotés en même temps d'une âme qui, non contente de se ressentir des douleurs du corps, se voit prise de surcroît dans son propre réseau d'angoisses et de peines.

Mais je me reproche déjà ces paroles, où je conclus, de ma propre fragilité et de celle des autres – non de la nature même de la vertu – à sa faiblesse. Car la véritable vertu, si elle existe – et qu'elle existe, ton oncle [1], Brutus, nous a interdit d'en douter – est très au-dessus des hasards qui peuvent atteindre l'homme, hasards qu'elle regarde de haut, méprisant les aléas de la vie ; n'ayant rien à se reprocher, elle estime n'avoir à se soucier que d'elle-même. C'est nous qui, à force de craindre les malheurs à venir et de pleurer sur ceux qui sont déjà là, grossissons ces maux et préférons accuser la vertu que l'erreur de notre jugement.

Or ce vice de raisonnement, comme tous les autres vices, toutes les autres erreurs de conduite, nous pouvons demander à la philosophie de nous en corriger. C'est dans ses bras que, dès nos débuts dans la vie, pour l'amour d'elle et par choix, nous nous étions jetés ; et voici qu'aujourd'hui, accablés d'ennuis et ballotés par la tempête, nous revenons dans ce même port nous mettre à l'abri. Philosophie, tu es le guide de l'existence, tu es celle qui a vocation à chercher la vertu, à venir à bout des vices. Que serions-nous sans toi, nous et tous les hommes – et y aurait-il même une vie pour les hommes ? C'est toi qui as fait naître les cités, toi qui as appelé les hommes dispersés à former la société civile, toi qui as cimenté la communauté humaine en attachant les hommes à une demeure, en établissant les liens du mariage, en les dotant de l'écriture et du langage. C'est à toi que nous devons l'invention des lois, toi qui nous as révélé la morale et l'organisation politique. C'est vers toi que nous venons chercher refuge, à toi que nous demandons assistance, à toi enfin que, cette fois tout entiers et sans réserve, nous nous abandonnons ! Un seul jour bien vécu, vécu en conformité avec tes principes, vaut mieux qu'une immortalité entachée de culpabilité. Où trouver une assistance qui vaille la tienne, toi qui nous a fait ce don merveilleux : vivre en repos et enfin libérés de la terreur de mourir ?

Tant s'en faut pourtant que la philosophie reçoive les louanges qui lui sont dues pour ce qu'elle a fait de la vie des hommes : négligée par la plupart d'entre eux, elle est même souvent en butte à d'âpres critiques [2]. On ose donc critiquer cette mère de la société civile, se souiller d'un tel parricide, se montrer assez impie, assez ingrat pour accuser celle qui devrait être l'objet de notre vénération, quand bien même nous serions incapables de la comprendre ? Mais j'imagine que cette erreur, ces ténèbres qui enveloppent l'esprit des ignorants viennent de ce qu'ils sont incapables de voir si loin dans le passé, et d'imaginer que les fondateurs de la civilisation ne sont autres que des philosophes.

Si ancienne pourtant que soit la chose, le nom de philosophie est récent, nous devons l'avouer. Mais la sagesse, elle, a reçu son nom dès la plus haute antiquité ; cela, personne ne le niera. Très beau nom qui allait de pair, chez les Anciens, avec la connaissance des choses divines et humaines d'abord, puis celle des principes et des causes de toute chose. Ainsi en allait-il de ces sept hommes d'illustre réputation, appelés Sages par les Grecs – ou sophoï en grec ; Lycurgue [3] déjà, des siècles plus tôt (puisqu'il était contemporain d'Homère dont la tradition fait remonter l'existence jusqu'avant la fondation de Rome), avait reçu ce nom, attribué, aux âges héroïques, à Ulysse et Nestor [4], qui étaient des sages et furent considérés comme tels. Et puis, Atlas soutenant le ciel, Céphée transformé en constellation avec sa femme, sa fille et son gendre : autant de légendes qui ne seraient pas nées si une connaissance véritablement divine des réalités célestes n'avaient livré ces noms à de mensongères fictions [5]. A la suite de ces premiers physiciens, tous ceux qui se consacrèrent à la contemplation de l'univers furent considérés comme des sages et en reçurent le nom, nom qui se transmit d'âge en âge jusqu'à l'époque de Pythagore ; lequel, d'après un élève de Platon (Héraclide du Pont, esprit cultivé entre tous), vint à Phlionte et débattit devant Léon, prince de Phlionte, de certaines questions avec une science et un art consommés. En admiration devant son intelligence et son éloquence, Léon lui demanda quelle était sa spécialité ; à quoi Pythagore répondit qu'il n'était expert en rien : il se définissait comme philosophe. Surpris par ce néologisme, Léon demanda alors qui étaient ces « philosophes », et ce qui les différenciait des autres hommes. La vie humaine, dit Pythagore, ressemble à cette foire où se tiennent des jeux d'une magnificence exceptionnelle,

et qui attire tout le peuple de Grèce [6] ; on pouvait, là-bas, distinguer deux groupes : les athlètes qui s'étaient préparés dans l'espoir d'obtenir la couronne qui leur apporterait la gloire et la célébrité, ceux aussi qui étaient venus là dans l'intention d'acheter ou de vendre à bon prix et avec profit ; et puis un autre groupe, celui-là composé d'hommes véritablement libres, qui ne cherchaient ni applaudissements ni profit matériel, mais qui étaient venus en spectateurs, pour le plaisir de voir comment les choses se passaient. Ainsi en allait-il de nous : comme des hommes qui arrivent d'une cité quelconque pour participer à une foire importante, nous aussi, issus d'une autre vie et d'une autre nature, nous arrivons dans cette vie pour nous faire les esclaves de la gloire ou de l'argent. Rares étaient ceux qui, comptant pour rien le reste, se consacraient amoureusement à l'étude de la nature : voilà ceux qu'il appelait « amoureux de la sagesse », ou « philosophes ». Et, comme dans cette foire de Grèce où le seul homme vraiment libre était celui qui ne se souciait pas de rien acquérir, dans cette vie qui était la nôtre, la contemplation et la connaissance de la nature surpassaient infiniment la servilité des autres occupations.

Pythagore n'a pas seulement donné son nom à la philosophie, il a reculé les limites de son domaine. Venu en Italie après l'entretien de Phlionte, il dota cette région qu'on a appelée la Grande Grèce [7] d'institutions et d'arts des plus brillants. Peut-être d'ailleurs trouverons-nous un jour le temps de développer sa philosophie. Philosophie qui, en tout cas, depuis ses origines jusqu'à Socrate, s'est consacrée à l'étude des nombres et des mouvements, de la genèse et de la corruption de toutes choses, qui a cherché à établir la grandeur des astres, les intervalles qui les séparent et le tracé de leur orbite, bref, qui s'est intéressée à tous les phénomènes célestes. C'est Socrate le premier qui fit descendre la philosophie du ciel sur la terre, qui la logea dans la cité, lui ouvrit les demeures privées et la contraignit à s'occuper de notre vie, de nos mœurs, du bien et du mal. Sa méthode si complexe de discussion, la variété des sujets qu'il traitait, l'ampleur de son génie, tout cela, transmis par le témoignage écrit de Platon, a engendré différentes écoles philosophiques, d'ailleurs fort divergentes. Pour nous, nous avons choisi de suivre celle qui, à notre avis, respecte le mieux la pratique de Socrate : suspendre son propre jugement, tenter de dissiper l'erreur d'autrui et rechercher, sur toute question, l'opinion qui semble la plus proche de la vérité. C'est cette méthode, utilisée avec subtilité et brio par Carnéade, que nous avons souvent adoptée, en particulier ces derniers jours, dans nos entretiens de Tusculum. Je t'ai déjà fait parvenir une copie des débats des quatre premiers jours. Le cinquième, nous allâmes rejoindre notre lieu de prédilection, et le débat fut ainsi lancé :

Thème du débat :
la vertu suffit-elle à assurer le bonheur ?

– Je ne crois pas que la vertu suffise à assurer le bonheur.

– Ma foi, Brutus, lui, le pense, en tout cas. Et tu me pardonneras, mais je fais plus de cas de son opinion que de la tienne !

– Je le sais bien, mais ton amour pour Brutus n'a rien à faire ici : ce que je veux, c'est que tu te lances dans une évaluation raisonnée de mon opinion.

– Tu soutiens donc que la vertu ne suffit pas à assurer le bonheur ?

– Absolument.

– Vraiment ? Mais suffit-elle du moins à assurer une vie droite, honnête, digne d'éloges, en un mot, une vie conforme au bien ?

– Oui, sans hésiter.

– Et tu peux ne pas qualifier de malheureux un homme qui vit dans le mal ? Ne pas qualifier d'heureux un homme dont tu admets qu'il vit dans le bien ?

– Et pourquoi pas ? Je t'accorde qu'il est possible, même sous la torture, de vivre une vie droite, honnête, digne d'éloges, de vivre « bien », à condition de comprendre ce que j'entends par là : je veux dire faire preuve de constance, de fermeté, de sagesse, de courage. Ces qualités-là peuvent résister au chevalet de torture : mais ce lieu n'est pas pour autant, tu l'avoueras, l'idéal auquel aspire le bonheur !

– Ah bon ? Et ton bonheur va rester à la porte et sur le seuil de la prison, tandis que la constance, la fermeté, le courage et toutes les autres vertus se laisseront livrer au bourreau sans reculer devant un seul supplice, une seule douleur ?

– Toi, quand tu as une idée en tête, tu ne recules devant aucune métaphore ! Mais ton petit tableau me laisse froid, non seulement parce qu'il est un ramassis de clichés, mais surtout parce que, comme ces vins trop légers qui, coupés d'eau, n'ont plus aucun bouquet, ces arguties stoïciennes ne peuvent plaire qu'à condition d'y tremper à peine les lèvres. Avec ton cortège de vertus livrées au bourreau et à son chevalet, avec ces allégories d'une imposante dignité, tu cherches à nous impressionner, pour nous persuader que le bonheur va se précipiter à leur secours, ne supportant pas de les abandonner ! Mais quand nous nous serons ressaisis, que notre esprit se sera détourné du tableau et de ses images pour en revenir au fond de la question et à la vérité, il retrouvera le problème à l'état nu : peut-on rester heureux sous la torture ? Ne sortons donc plus de là ; et n'aie pas peur, tu n'entendras pas les vertus appeler au secours et se plaindre amèrement d'être abandonnées par le bonheur ! Si d'ailleurs aucune vertu n'est dépourvue de prudence, cette prudence même leur fait bien voir que tous les gens de bien ne sont pas heureux pour autant ; elles se rappelleront bien des choses touchant Marcus Atilius, Quintus Caepion, Manius Aquilius ; et, puisque tu préfères les métaphores au langage nu et sans figures, c'est cette prudence qui, d'elle-même, freinera le bonheur dans son effort pour rejoindre le chevalet de torture, en lui rappelant qu'il n'y a rien de commun entre la douleur et lui.

– Ta manière de le prendre m'amuse ! Tout de même, il n'est pas juste de vouloir m'imposer une méthode de discussion. Mais n'importe, réponds seulement à cette question : devons-nous estimer que nos réflexions des jours précédents nous ont menés quelque part, ou pas ?

– Bien sûr ; elles nous ont même menés assez loin.

– Alors, s'il en est ainsi, ta question est bien avancée, et déjà pratiquement résolue.

– Par exemple ! Et comment cela ?

– Parce que les mouvements tumultueux, les errements d'une âme bouleversée qu'un élan inconsidéré a mise hors d'elle-même ne lui laissent, en repoussant toute raison, aucun élément de bonheur. Qui pourrait en effet, s'il craint la mort ou la douleur, maux dont l'un est souvent bien réel et l'autre toujours suspendu sur nos têtes, ne pas être malheureux ? Qui le pourra, s'il craint en même temps – et c'est presque toujours le cas – la pauvreté, la honte, l'infamie, s'il a peur de devenir aveugle ou infirme, si enfin, malheur qui n'a pas été le seul lot de simples particuliers, mais des peuples les plus puissants, il redoute la servitude ? Ces craintes laisseront-elles intact le bonheur ? Et qu'en est-il de l'homme qui ne redoute pas seulement des maux éventuels, mais doit endurer des malheurs bien réels ? Ajoute à cela l'exil, le deuil, la mort des enfants : l'homme que ces catastrophes auront laissé abattu et brisé par le chagrin, pourra-t-il ne pas être extrêmement misérable ? Et l'homme brûlant de passion, fou de désir, toujours rageusement en quête d'un objet, d'une insatiable avidité, dont la soif de plaisirs s'avive à mesure que ceux-ci lui coulent à flots dans la gorge ? Ne seras-tu pas contraint d'avouer qu'il est bien à plaindre ? Allons ! Et cet autre, qui se laisse aller à des transports incontrôlés, qu'enivre et met hors de lui une joie absolument infondée, n'est-il pas plus malheureux encore dans la mesure même où il se croit plus heureux ? Au malheur de ceux-là répond le bonheur de ceux qu'aucune crainte ne terrorise, qu'aucun chagrin ne ronge, qu'aucun désir ne vient titiller, qu'aucune joie ne vient plonger dans d'amollissantes voluptés, dissolvant ainsi leur énergie. En terme de marins, le calme plat, c'est l'absence du plus léger souffle qui viendrait agiter la surface des flots ; eh bien, la quiétude, la paix de l'âme, c'est cet état exempt de toute perturbation capable de l'agiter. Si donc il se trouve un homme pour estimer supportables les agressions du sort et tous les accidents qui peuvent survenir aux hommes, s'il se trouve un homme pour être étranger à la peur et à l'angoisse, libre en même temps de toute convoitise, insensible aux vains plaisirs, de glace devant eux, pourquoi donc cet homme-là ne serait-il pas heureux ? Si la vertu peut obtenir de tels résultats, pourquoi la vertu ne pourrait-elle suffire à assurer aux hommes le bonheur ?

– Il n'est certes pas possible de nier la réalité du bonheur d'un homme libre de crainte, d'angoisse, de désir, à l'abri des transports délirants d'une joie incontrôlée : je te concède ceci. Quant à ta première hypothèse, le problème n'est plus entier, puisque nous avons déjà établi, dans nos discussions des jours précédents, que l'âme du sage est exempte de toute passion.

– Le débat est donc clos, c'est ton avis ? Et notre question semble bien avoir trouvé sa solution...

– Presque, en tout cas.

– Mais c'est là une manière bien mathématique de procéder, et peu philosophique [8] ! Certes, quand les géomètres veulent démontrer quelque chose et que, pour établir cette démonstration, ils ont besoin d'utiliser une démonstration antérieure, ils tiennent celle-ci pour acquise et prouvée, développant seulement ce qui n'a pas encore été démontré. Mais les philosophes, quelque sujet dont ils débattent, rassemblent tous les arguments propres à étayer leur thèse, même si ces points ont été développés ailleurs. Sinon, pourquoi un stoïcien, par exemple, s'étendrait-il si longuement quand il s'agit de savoir si la vertu peut suffire à assurer le bonheur ? Il pourrait se contenter de répondre qu'il a déjà établi auparavant qu'il n'y a pas de bien hors la vertu ; ce point tenu pour acquis, il s'ensuivrait que le bonheur peut être assuré par la seule vertu. Et tout comme ce second point découle logiquement du premier, le premier est nécessairement impliqué dans le second : si la vertu peut suffire à assurer le bonheur, le bien ne peut être rien d'autre que la vertu. Mais ils ne procèdent pas ainsi ; certains livres traitent de l'acte vertueux, et d'autres du souverain bien : et bien qu'il ressorte clairement de ces ouvrages que la vertu a une grande capacité à assurer le bonheur, ils n'en traitent pas moins ce point séparément. C'est que chaque question relève d'arguments appropriés, de réflexions qui lui sont spécifiques ; à plus forte raison une question si importante.

EXAMEN THÉORIQUE DU PROBLÈME

La plus lumineuse promesse de la philosophie

N'oublie pas en effet que nous avons affaire ici à la plus lumineuse proposition, à la promesse la plus grosse d'espoir, la plus capitale de toute la philosophie. Car à quoi s'engage-t-elle par là, grands dieux ? A assurer à l'homme qui obéit à ses lois une armure permanente contre les coups du sort, à lui fournir toutes les ressources intérieures qui peuvent lui assurer une vie droite et heureuse, à lui garantir enfin un bonheur éternel. J'examinerai plus tard comment elle s'y prend pour tenir cette promesse ; pour l'instant, la promesse à elle seule me paraît d'un grand prix. Prenons Xerxès [9], par exemple : comblé de tous les dons de la Fortune, rien de ce qu'il possédait – cavalerie, infanterie, flotte démesurée, richesses énormes –, rien ne parvenait à le combler. Il promit une récompense à qui découvrirait un plaisir inédit ;

et ce plaisir même ne put le satisfaire : le désir n'aura jamais de limites. Ce prix, j'aurais aimé, pour ma part, le décerner à l'homme capable de m'apporter un élément qui pût encore étayer ma foi en cette promesse de la philosophie !

Objection : le bonheur du sage n'est-il pas relatif ?

– Je partage ton sentiment ; mais j'aimerais que tu éclaircisses encore un détail ; je t'accorde que tes deux propositions s'impliquent nécessairement : si le seul bien, c'est la vertu, alors la vertu assure le bien-être ou bonheur, c'est logique ; et réciproquement, si le bonheur ne repose que sur la vertu, alors la vertu est le seul bien. Mais Brutus, ton cher Brutus, lui, dans la droite ligne d'Ariston et d'Antiochus, n'est pas de cet avis ; pour lui, quand bien même il existerait un bien indépendant de la vertu, la vertu pourrait encore suffire à assurer le bonheur.

– Et alors ? T'attends-tu à me voir combattre un avis de Brutus ?

– Mais... c'est à toi d'en décider, il me semble ! Comme tu me l'as fait remarquer, je n'ai pas à te dicter ta ligne de conduite...

– Quant à savoir lequel, de Brutus ou de moi, est le plus conséquent avec lui-même, ce n'est pas le lieu d'en discuter. Venons-en à l'objection elle-même : j'ai souvent discuté de ce point avec Antiochus, et tout récemment encore avec Ariston, chez qui je logeais à Athènes – j'y étais passé, étant encore *imperator* [10]. Je n'étais pas de leur avis : il ne me semblait pas, moi, qu'on pût être heureux dans une situation malheureuse. Or le sage peut se trouver dans le malheur, si on admet que celui-ci peut avoir une cause extérieure, objective – santé, coups du sort. Ils m'opposaient cet argument qui revient souvent dans les traités d'Antiochus, à savoir que, si la vertu est certes capable à elle seule d'assurer le bonheur, ce bonheur n'était pas nécessairement le bonheur parfait. Le nom que l'on donne généralement aux choses, expliquait-il, vient du composant qui domine en elles, même s'il ne les constitue pas à lui seul : ainsi parle-t-on de santé, de forces, de richesses, d'honneur, de gloire, en se fondant sur l'élément dominant, sans aller jusqu'à calculer sa proportion exacte. On parle donc d'une vie « heureuse », même si cette vie traîne un peu le pied, pourvu que dans son ensemble elle mérite ce qualificatif. Sans doute n'y a-t-il pas lieu de trop les chicaner là-dessus pour l'instant ; pourtant ce raisonnement ne me paraît pas très conséquent : d'une part, je ne comprends pas ce qu'un homme heureux peut vouloir de plus, ni pourquoi il voudrait l'être davantage ; s'il lui manque quelque chose, alors le terme d'heureux est impropre. D'autre part, cette thèse selon laquelle le nom qu'on donne aux choses, comme le jugement qu'on porte sur elles, leur vient de l'élément qui domine en elles, je veux bien que ce soit vrai quelquefois ; mais ces mêmes philosophes soutiennent par ailleurs qu'il y a trois catégories de maux ; imaginons alors un homme accablé par deux d'entre elles – le hasard lui est systématiquement contraire, et toutes les douleurs physiques fondent sur lui jusqu'à l'épuiser : faudra-t-il estimer qu'il ne lui manque que peu de chose pour être rangé dans la catégorie des hommes heureux – heureux d'un bonheur relatif, s'entend ?

Cette thèse fameuse, Théophraste ne put parvenir à la soutenir : après avoir établi que le fouet, la torture, le supplice de la croix, les drames nationaux, l'exil, la mort des enfants, tout cela pesait lourdement sur la vie des hommes, la rendait mauvaise et misérable, il n'osa pas sublimer ces maux dans une démonstration grandiose, qui aurait par trop juré avec l'évocation d'une situation si misérable et d'une telle démission intérieure. A-t-il eu raison ? La question n'est pas là ; en tout cas il a été conséquent avec lui-même, et je n'aime pas, en général, qu'on critique le corollaire quand on a accepté le théorème. Or, quand il pose qu'il y a trois catégories de biens, on ne trouve guère là matière à redire, mais quand ce même philosophe, cet esprit des plus distingués et des plus cultivés, écrit *Le Bonheur* et démontre avec logique pour quelle raison le bonheur est impossible sous la torture ou sur la croix, alors on s'acharne sur le livre ! On dit même qu'on trouve dans ce livre la formule suivante : « la vie heureuse ne monte pas sur la roue » (c'est une torture grecque), et si la formule ne respecte pas la lettre de l'ouvrage, elle est au moins fidèle à l'esprit. Or, après lui avoir concédé que la douleur physique, les naufrages de la Fortune sont bien des maux, puis-je vraiment m'insurger quand il affirme que tous les gens de bien ne sont pas heureux, alors que ce qu'il a mis au nombre des maux peut évidemment s'abattre sur les gens de bien ? Nouvelle levée de boucliers, nouvelles attaques orales et écrites contre le même Théophraste, sous prétexte que dans son *Callisthène* il affirme fermement que « la Fortune – non la sagesse – gouverne la vie ». Concert de protestations : rien de plus déprimant est-il jamais sorti de la bouche d'un philosophe ? Déprimant peut-être, mais fort conséquent, à mon avis ! Car si tant de biens relèvent du corps, et si ceux qui n'en relèvent pas dépendent du hasard et de la Fortune, n'est-il pas fort logique de soutenir que la Fortune, qui tient dans ses mains et la santé du corps et toutes les causes objectives de biens ou de maux, est plus puissante que la sagesse ? Vaut-il mieux suivre Épicure ? Il est souvent brillant, c'est vrai ; mais ne se soucie guère de rester fidèle à ses principes et conséquent avec lui-même... il fait l'éloge de la frugalité : voilà qui est d'un philosophe... à condition que ce philosophe fût Socrate ou Antisthène, et non celui qui a posé que le plaisir est le bien suprême ! Impossible, dit-il, de mener une vie agréable sans suivre l'honnêteté, la sagesse, la justice : là encore, formule de poids et très philosophique... si du moins ces termes d'« honnêteté », de « sagesse », de « justice », n'étaient pas définis en fonction du plaisir. Et quand il estime que la fortune n'a pas assez de poids pour peser sur la vie du sage, on admire ; mais celui qui dit cela, n'a-t-il pas dit aussi que la douleur était le plus grand des maux, ou plutôt le seul mal ? Et ces douleurs – les plus terribles douleurs – peuvent venir torturer son corps au moment même où il se vante de résister à la Fortune ! Métrodore fait d'ailleurs la même chose, mais sa vantardise trouve une formule plus heureuse : « J'ai prévenu tes attaques, Fortune : je t'ai fait prisonnière dans ta propre demeure, bloquant toutes les issues et t'interdisant ainsi tout espoir de m'atteindre ! » Superbe formule, si elle sortait de la bouche d'Ariston de Chio ou du stoïcien Zénon ; mais chez toi, Métrodore ! Chez toi qui as relégué toute espèce de bien au fin fond de nos viscères et de notre moelle ! Chez toi pour qui le bien suprême c'est une santé sans défaillance, et le ferme espoir de la voir se maintenir, c'est toi qui as fermé toute porte de sortie à la Fortune ? Comment donc t'y es-tu pris, puisque tu as choisi précisément un bonheur qui peut toujours, à l'instant même, t'être ravi ?

Le bonheur du sage réside dans la seule vertu

Voilà pourtant les sophismes qui séduisent les ignorants, dont le nombre, avec des maximes de ce type, va croissant ! Un esprit rigoureux est celui qui sait voir, au-delà de ce qu'on lui dit, ce qu'on devrait lui dire. Suivons donc cette conduite dans notre plaidoyer pour la thèse selon laquelle tous les gens de bien sont toujours heureux. Ce que j'entends par « gens de bien » est très clair : j'appelle sages, ou gens de bien, des hommes pourvus et ornés de toutes les vertus. Voyons maintenant qui mérite le qualificatif d'homme « heureux » : être heureux, d'après moi, c'est se trouver dans une situation entièrement heureuse, exempte de tout mal ; et par situation heureuse, je veux dire la réunion de tous les biens possibles, à l'exclusion de toute espèce de mal. Si au contraire la notion de situation heureuse n'englobe pas tous les biens, si le moindre bien peut exister indépendamment de la vertu, alors la vertu ne peut produire la situation heureuse : car, par cette brèche, s'infiltrera une foule de maux, si du moins nous tenons pour tels la pauvreté, l'obscurité, le découragement, la solitude, la perte d'êtres chers, les souffrances physiques graves, la ruine de la santé, la paralysie, la cécité, les désastres nationaux, l'exil et, pour finir, la servitude. Tous ces maux, innombrables autant qu'accablants (et on pourrait allonger la liste...), peuvent survenir au sage, puisque c'est le hasard qui les fait naître, et que le hasard peut toujours s'acharner sur le sage. Et si ce sont bien des maux, qui peut garantir au sage la permanence de son bonheur, quand il peut être, en un instant, jeté dans tous ces malheurs à la fois ? J'ai donc du mal à concéder – que ce soit à mon cher Brutus, à nos maîtres communs, ou à ces illustres philosophes d'autrefois, Aristote, Speusippe, Xénocrate, Polémon – que l'on puisse affirmer l'éternité du bonheur du sage quand on a mis au nombre des maux ce que je viens d'énumérer. Si le beau titre de « sage » les charme à ce point, qu'ils aient donc le courage de mépriser ces splendeurs qui les séduisent – santé, forces, beauté, richesses, honneurs, puissance – et de tenir pour négligeables leurs contraires ! Alors ils pourront clamer bien haut que rien, ni les assauts de la fortune, ni l'opinion du plus grand nombre, ni la douleur ni la pauvreté, ne les effraie et que, ne dépendant que d'eux-mêmes, ils ne mettent pas au nombre des biens ce qui échappe à leur emprise. Mais que de tels propos, indices d'une grande âme, d'une âme élevée, soient tenus par des gens qui ont sur les biens et les maux les idées du vulgaire, cela, je ne peux vraiment pas l'accepter ! Et voilà que surgit Épicure, qui lui aussi ambitionne la gloire du titre : lui aussi, si je ne me trompe, croit à l'éternité du bonheur du sage. Séduit par la noblesse de la formule, il faut croire qu'il ne s'entend pas lui-même quand il nous la propose... Quoi de plus inconséquent en effet que d'entendre le même homme soutenir que la douleur est le pire des maux ou plutôt le seul mal, et, nonobstant, estimer que le sage, en proie aux plus terribles souffrances, va s'écrier : « Ah ! que c'est exquis ! » Non, décidément, il ne faut pas s'attacher aux formules isolées des philosophes, mais évaluer la cohérence et la logique interne de leur système.

– Tu me convaincs presque ! Mais toi-même, n'as-tu pas été inconséquent ?

– Inconséquent ? Et en quoi ?

– Eh bien, je viens de lire le quatrième livre de ton ouvrage sur *Les Termes extrêmes des biens et des maux*[10] : et là, tu soutiens, me semble-t-il, et contre Caton (je suis d'ailleurs d'accord avec toi sur ce point), que la seule originalité de Zénon par rapport aux péripatéticiens est une singularité purement verbale. Bien. Mais alors, si Zénon est logique en affirmant que la vertu est parfaitement capable de conduire au bonheur, pourquoi ne pas reconnaître la même logique aux péripatéticiens quand ils disent la même chose ? Il faut s'attacher à la thèse, non aux mots – c'est du moins ton avis.

– Toi, tu veux me confondre en utilisant comme pièces à conviction des tablettes signées de ma main, et tu étaies ton accusation de mes propres paroles, de mes propres écrits ! Réserve donc cette procédure à ceux qui débattent en adeptes d'un système qui les asservit. Nous, nous vivons au jour le jour ; nous faisons nôtre tout ce dont la vraisemblance nous a frappés : nous sommes les seuls philosophes vraiment libres ! Toutefois, puisque nous parlions de la cohérence de la pensée, je ne crois pas qu'il faille ici chercher à savoir si Zénon ou son élève Ariston sont dans le vrai quand ils soutiennent qu'il n'y a pas de bien hors de la vertu, mais que nous devons vérifier si, partant de ce principe, la conclusion logique ne serait pas de faire résider tout le bonheur dans la seule vertu. Accordons donc à Brutus l'éternel bonheur du sage ; à lui de voir s'il se montre, dans cette affirmation, philosophe conséquent ; car, pour l'homme, qui donc incarne mieux que lui la noblesse d'une telle maxime ? Ce qui ne nous empêchera pas de maintenir qu'il n'y a pas de degrés au bonheur du sage : il est total.

Et si l'on estime que Zénon de Cittium, cet étranger, cet obscur agenceur de mots, détonne parmi les philosophes de l'Antiquité, remontons jusqu'à Platon et attribuons-lui la paternité de cette maxime si forte : n'a-t-il pas souvent soutenu que seule la vertu peut être appelée un bien ? Dans le *Gorgias* [11], on voit Socrate, à qui on a demandé s'il n'estime pas qu'Archelaüs, fils de Perdiccas (alors au comble de la prospérité de l'avis de tous), est un homme heureux, répondre qu'il n'en sait rien : « Je ne me suis jamais entretenu avec lui, dit-il. – Que dis-tu là ? Tu n'as donc pas d'autre moyen d'évaluer son bonheur ? – Aucun autre. – Veux-tu dire que, sans entretien préalable, il t'est impossible de juger, disons, du bonheur du roi des Perses ? – Et comment le pourrais-je, si j'ignore quelle est sa culture personnelle, quelle est sa valeur morale ? – Quoi ? C'est là que tu mets le bonheur ? – Certes oui ! J'estime que les gens de bien sont heureux, et que les méchants sont malheureux. – Archelaüs est donc malheureux ? – Oui, s'il est injuste. »

Voilà qui est clair, n'est-ce pas ? Socrate met bien le bonheur dans la seule vertu. Et que dit-il d'autre dans le *Ménéxène* [12] ? « L'homme qui trouve en lui, et en lui seul, ce qui peut mener au bonheur, sans qu'aucun élément de ce bonheur dépende de la chance ou de la malchance d'autrui, qui les entraînerait dans ses propres vicissitudes, cet homme-là s'est assuré le meilleur système de vie. C'est là l'homme de la mesure, du courage, de la sagesse qui, indifférent à l'apparition ou à la disparition de tous les autres biens – y compris la naissance ou la mort de ses enfants –, saura obéir fidèlement à l'antique précepte : ni chagrin ni joie excessive, car c'est en lui seul qu'il met toute son espérance. » Oui, Platon est bien la source pure, sacrée, qui doit alimenter toute notre démonstration.

Et cette démonstration, comment lui trouver un meilleur point de départ que la nature, notre mère à tous, elle qui a voulu que toutes ses productions, des animaux aux créations qui plongent leurs racines dans la terre, réalisent chacune la perfection de leur espèce ? Regardons les arbres, la vigne, et ces végétaux qui, plus près du sol, ne peuvent s'élever très haut : aux uns, un feuillage toujours vert ; aux autres, dépouillés de leurs feuilles par l'hiver, la renaissance de ce feuillage aux premières tiédeurs du printemps. Pas une de ces plantes qui ne frémisse d'une espèce d'élan intérieur, qui ne tire de ses propres semences une vigueur qui s'épanouira en fleurs, fruits ou baies ; aucune qui ne réalise, si nulle agression extérieure ne vient le contrarier, tout le développement dont elle est capable. Les animaux, parce qu'elle leur a donné le sentiment, nous permettent de mieux percevoir encore ce caractère essentiel de la nature : les uns, habitants des eaux, nagent, d'autres, les oiseaux, évoluent librement dans le ciel, certains rampent, d'autres marchent, réalisant tous ainsi le dessein de la nature ; c'est elle qui les a répartis en espèces solitaires et en troupeaux, en bêtes sauvages ou apprivoisées ; certains même vivent cachés sous la terre. Et chacune de ces espèces, restant fidèle à sa vocation particulière, incapable d'adopter la vie d'autres espèces, obéit ainsi à la loi naturelle. Donnant donc à chaque type d'animal une disposition qui lui est propre, qu'elle conserve sans jamais s'en écarter, la nature a doté l'homme d'un attribut bien supérieur ; il est vrai qu'on ne saurait comparer que ce qui est comparable, et en réalité l'esprit humain, fruit d'une conception divine, ne peut être comparé qu'à la divinité elle-même, soit dit sans blasphème. Et quand cet esprit a été cultivé, quand on a attentivement entretenu l'acuité de sa perception pour lui éviter de se laisser aveugler par l'erreur, alors on a là une intelligence parfaite, c'est-à-dire une raison accomplie – ou vertu : c'est la même chose. Or, si le bonheur arrive toujours quand disparaît la dernière trace d'inaccomplissement, s'il est le propre de qui a su épanouir complètement les possibilités de son espèce, et si cette réalisation est le propre de la vertu, alors, sans nul doute, tous ceux qui possèdent la vertu sont heureux. D'accord là-dessus avec Brutus, c'est-à-dire avec Aristote, Xénocrate, Speusippe et Polémon, j'estime simplement, moi, que ces hommes heureux ont atteint le comble du bonheur. Car enfin, que peut-il bien manquer à qui est absolument sûr de ses biens ? Commencer à douter de leur solidité, est-ce encore être heureux ? Or, inévitablement, à diviser les biens en trois catégories [12'], le doute s'installe. Comment en effet être sûr de rester en bonne santé, de garder sa fortune ? Et sans la certitude de posséder un bien stable, inébranlable, durable, personne ne peut être heureux. Car, quand on distribue comme eux les biens en trois catégories, qu'arrive-t-il ? On vous applique ce bon mot d'un Lacédémonien à un marchand qui se vantait d'avoir envoyé d'innombrables bateaux en tout point du littoral : « Ils ne me paraissent pas très enviables, lui dit-il, ces biens qui ne tiennent qu'à des cordages ! »

Les faux biens

Peut-on douter qu'il faille exclure, de la catégorie des choses aptes à réaliser le bonheur, tout ce que l'on peut perdre ? Un élément constitutif du bonheur doit nécessairement échapper à tout risque de dessèchement, d'extinction, de chute. Que l'on craigne la perte d'un seul de ces éléments, et l'on ne pourra plus être heureux. L'homme heureux, pour nous, c'est un homme en parfaite sécurité, invulnérable, entouré de remparts qui le mettent à l'abri non seulement de la plus légère appréhension, mais de toute espèce de crainte. S'il ne suffit pas de n'être qu'un peu coupable pour mériter l'appellation d'innocent – il faut ne l'être pas du tout –, il ne suffit pas non plus, pour être affranchi de la crainte, de n'avoir que des craintes légères : il faut n'en éprouver aucune. Le courage n'exige-t-il pas, outre la capacité d'endurer danger, épreuves et souffrances, une âme affranchie de toute crainte ? On ne le définirait pas ainsi si le bien n'était pas toujours étroitement dépendant de la moralité. Comment éprouver d'ailleurs ce sentiment de sécurité si désirable et si désiré (et j'appelle sécurité l'absence de chagrin, absence qui définit le bonheur), quand une foule de malheurs est toujours, tôt ou tard, susceptible de nous affecter ? Qui pourra montrer cette grandeur d'âme, cette assurance intérieure, ce mépris de tous les coups du sort qui pour nous caractérisent le sage, sinon l'homme qui estime que tous ses biens sont en lui-même, et en lui seul ? A une lettre où Philippe de Macédoine les avertissait qu'il empêcherait toute tentative de résistance, les Lacédémoniens répondirent en lui demandant s'il comptait aussi les empêcher de mourir : cette fermeté, dont toute une cité s'est montrée capable, ne la trouverons-nous pas plus facilement dans le sage que nous cherchons ? Et en ajoutant à ce courage la tempérance – modératrice de toutes les émotions –, que manque-t-il encore pour être heureux à l'homme que le courage met à l'abri du chagrin et de la crainte, et que la tempérance libère à la fois du désir et des débordements d'une allégresse inconvenante ? Résultat qui est l'œuvre de la vertu, point n'est besoin de le démontrer, puisque nous l'avons fait longuement les jours précédents.

La paix heureuse du sage

Et tu pourras, toi, sachant que les passions font le malheur de la vie là où la paix de l'âme apporte le bonheur – ces passions qui ont deux sources, le chagrin et la crainte à l'idée d'un mal supposé, la joie et le désir à l'apparition supposée d'un bien, et qui combattent sans relâche la réflexion et la raison – tu pourras hésiter à qualifier d'heureux l'homme que tu verras exempt, affranchi, libéré enfin de si violentes perturbations, que viennent de surcroît déchirer de telles dissensions ? Le sage, lui, a toujours la paix intérieure : le sage est donc toujours heureux. Ajoutons que tout bien est source de joie ; ce qui est source de joie vaut qu'on le célèbre et qu'on s'en félicite hautement ; se louer de quelque chose, s'en féliciter ouvertement, c'est en faire un titre de gloire ; un titre de gloire est incontestablement digne d'éloges : or ce qui est digne d'éloges répond aux exigences de la morale, et donc un bien ne peut que satisfaire à la morale. Mais ce que nos étranges philosophes mettent au nombre des biens, eux-mêmes n'osent pas le dire conforme à la morale ; j'en conclus que seul ce qui est conforme à la morale est un bien, preuve que le bonheur est étroitement lié à la moralité. Car on ne peut certes considérer comme des biens ce dont la présence, même importante, n'empêche pas la détresse de s'installer. Hésiteras-tu encore devant ce portrait ? Voici un homme en excellente santé, vigoureux, beau ; accordons-lui encore l'agilité physique, des sensations aiguës, subtiles ; richesses, honneurs, commandements, puissance et gloire, il a tout. Mais si ce même homme est injuste, intempérant, craintif, s'il a l'esprit lourd, et même pas d'esprit du tout, hésiteras-tu encore à le dire malheureux ? Quelle valeur ont donc ces biens qu'on peut posséder tout en étant fort à plaindre ? Prenons-y garde : semblable à un tas de blé dont tous les grains sont de même nature, le bonheur lui aussi doit être constitué d'éléments semblables ; aussi ne peut-il être formé que de ces biens qui répondent aux exigences de la morale. Que certains de ses éléments soient d'une autre nature, rien de conforme à la morale ne pourra en sortir ; retire la moralité, et la possibilité du bonheur est inconcevable. C'est que tout bien est désirable, et ce qui est désirable est à coup sûr estimable ; ce qu'on estime, on doit l'accueillir avec reconnaissance ; on ne peut donc que lui accorder de la valeur, valeur qui le rend digne d'éloges : tout bien est donc digne d'éloges, preuve que seul ce qui est conforme à la morale est un bien.

Si nous ne nous en tenons pas fermement à cette position, alors nous devrons mettre une foule de choses au nombre des biens. Passons sur les richesses – n'importe quel individu, même le plus indigne, peut les acquérir ; je ne les mets donc pas au nombre des biens, car le bien n'est pas à la portée du premier venu ; laissons de côté l'illustration sociale et la faveur populaire, fruit du consentement irréfléchi d'une foule bête et malhonnête. Mais voici des choses que nous pourrions avoir à appeler des biens, si légers soient-ils : des dents blanches, de beaux yeux, un joli teint, et ce qui provoque les louanges d'Anticlée quand elle lave les pieds d'Ulysse [13]. « Paroles de miel, et douceur de la peau ». Si nous en venons à appeler cela des biens, que restera-t-il à la pensée, au discours philosophiques qui les distingue de l'opinion du vulgaire et de l'incohérence des sots ? En quoi montreront-ils plus de sérieux, plus de hauteur de vue ? Mais tu vas m'objecter que les stoïciens appellent choses « préférables » ou « utiles » exactement ce que ces philosophes que je décrie appellent « biens ». Peut-être, mais les stoïciens nient que ces choses puissent réaliser le bonheur parfait ; les autres, eux, pensent que sans elles, il n'y a pas de bonheur, en tout cas pas de bonheur parfait. Et nous, c'est le bonheur parfait qui nous intéresse, nous appuyant en cela sur le célèbre raisonnement socratique, que ce prince de la philosophie conduisait ainsi : l'homme vaut ce que vaut la disposition de son âme ; le discours vaut ce que vaut l'homme ; les actes sont à l'image du discours, et la vie à l'image des actes. Or la disposition de l'âme, chez un homme de bien, est digne d'éloges ; il s'ensuit que sa vie aussi est digne d'éloges, par conséquent conforme à la morale : preuve que le bonheur appartient aux hommes de bien.

Et puis enfin – j'en prends à témoins les hommes et les dieux ! – est-ce donc pour le plaisir et pour passer le temps que nous avons discuté tous ces jours-ci ? N'avons-nous pas assez clairement établi que le sage est exempt de toute excitation (que j'appelle passion), et que dans son âme règne toujours la paix la plus sereine ? Un homme équilibré, constant, sans crainte, sans chagrin, sans allégresse excessive, sans désir passionné, n'est-il pas un homme heureux ? Or le sage est toujours cet homme-là : le sage est donc toujours un homme heureux. Et comment un homme de bien pourrait-il ne pas mettre constamment ses actes et ses pensées en rapport avec les exigences de la morale ? Or il les rapporte constamment à l'idée du bonheur ; le bonheur est donc en rapport étroit avec les exigences de la morale et, comme la moralité implique la vertu, il s'ensuit que seule la vertu peut réaliser le bonheur.

On peut aussi raisonner autrement : une vie malheureuse n'a rien dont on puisse se réclamer ou se glorifier – et il en va de même d'une vie qui n'est ni heureuse ni malheureuse. Or certaines vies nous offrent des actes dont on peut se réclamer et se glorifier. Écoutons Épaminondas : « Ma stratégie a fait table rase de la gloire de Lacédémone. » Écoutons l'Africain : « Du soleil levant jusqu'au-delà des marais de Maeotis, il n'est personne qui puisse égaler mes exploits. » Ainsi peut-on se glorifier d'une vie qui a eu du bonheur, se réclamer fièrement de ce bonheur et le porter bien haut, et c'est même la seule chose dont on puisse véritablement se recommander, qu'on puisse fièrement proclamer. Prémisses qui te laissent deviner la conclusion : si une vie heureuse n'est pas en même temps une vie conforme à la morale, alors il y a quelque chose de meilleur que le bonheur ; et ce quelque chose, tout le monde en conviendra, c'est la moralité. Il y aurait donc quelque chose de meilleur que le bonheur ? Peut-on rien dire de plus scandaleusement faux ? Et puis quoi enfin ? On admet que les vices sont parfaitement capables de nous jeter dans le malheur, et l'on refusera de concéder à la vertu la même capacité à nous mener au bonheur ? Les contraires entraînent pourtant des effets contraires ! A ce propos, je me demande bien quelle valeur a la fameuse balance d'un Critolaüs qui, mettant sur l'un des plateaux les biens qui relèvent de l'âme, sur l'autre ceux qui relèvent du corps et de facteurs extérieurs, prétend que le déséquilibre en faveur du premier est égal à la différence de niveau entre la terre et les mers... Mais alors, si un Critolaüs, et même un philosophe aussi sérieux que Xénocrate, peuvent faire peser d'un tel poids la vertu qu'ils en annulent presque la force de résistance du reste, pourquoi donc n'osent-ils pas faire résider dans la vertu non seulement le bonheur, mais l'absolu du bonheur ? A éluder cette conséquence, c'est la vertu qu'ils anéantissent. Tomber dans le chagrin, c'est inévitablement tomber dans la crainte, qui n'est que l'appréhension d'un chagrin à venir ; tomber dans la crainte, c'est devenir peureux, craintif, effrayé, lâche ; ce qui conduit à accepter la défaite, et à considérer que le fameux précepte d'Atrée – « Qu'ils apprennent à vivre en refusant la défaite ! » ne nous concerne pas. Or la victime du chagrin se laissera non seulement vaincre, comme je l'ai dit, mais asservir. Et nous, c'est une vertu toujours libre que nous voulons, toujours invaincue : sinon, autant faire son deuil de la vertu ! S'il y a en elle assez de ressource pour vivre bien, il y en a assez pour vivre heureux : la vertu ne suffit-elle pas à assurer le courage ? Et être courageux, c'est faire preuve d'une grandeur d'âme qui nous met à l'abri de toute terreur, de toute défaite. Donc, nul repentir, nul sentiment d'insuffisance, aucun obstacle ; tout coule à flots, tout atteint sa résolution, tout réussit : le bonheur est donc là. Or la vertu suffit à assurer le courage : elle suffit donc à assurer le bonheur. Différente en cela de la sottise, qui, à peine obtenu l'objet de son désir, ne s'estime jamais satisfaite, la sagesse, elle, toujours contente avec ce qu'elle a, ne connaît pas le mécontentement de soi.

Vies comparées d'hommes illustres

Prenons l'exemple de Laelius : ferais-tu l'amalgame entre son consulat, consulat unique, et obtenu après avoir connu l'échec – si tant est que, quand un peuple refuse ses suffrages à un homme de cette qualité, ce n'est pas plutôt le peuple qui subit un échec –, donc, préférerais-tu, si tu en avais le choix, être un consul comme Laelius, une seule fois, ou comme Cinna, et quatre fois [14] ? Je sais trop à qui je m'adresse pour douter de ta réponse ; aussi bien ne poserais-je pas cette question à n'importe qui, car je courrais le risque de m'entendre répondre que quatre consulats sont bien supérieurs à un seul, et même qu'un seul jour de la vie de Cinna vaut largement l'existence entière de nombre d'hommes illustres. Si Laelius avait porté atteinte le moins du monde à un simple citoyen, la justice l'en aurait puni ; Cinna, lui, fit trancher la tête à son propre collègue, le consul Caïus Octavius, et à Publius Crassus, à Lucius César, hommes remarquables et dont la valeur politique et militaire n'était plus à prouver ; à Marc Antoine, l'orateur le plus éloquent que j'aie jamais entendu, à Caïus César, l'incarnation même, pour moi, de la culture, de l'esprit, du charme, de la séduction. Et leur assassin serait un homme heureux ? Malheureux bien plutôt, voilà ce que je crois, et malheureux moins pour avoir fait ce qu'il a fait que pour avoir eu assez de pouvoir pour faire le mal. Personne, je le sais bien, n'a licence de faire le mal ; je commets là une impropriété couramment admise : on dit qu'on a « licence » de faire quelque chose quand on vous laisse le faire. Ou bien dis-moi quel est le plus heureux, du Marius qui sut partager avec son collègue Catulus [15] – presque un autre Laelius, et qui lui ressemble fort, à mon avis ! – la gloire de sa victoire sur les Cimbres, ou du vainqueur de la guerre civile qui, irrité des supplications des amis de Catulus, lâcha seulement, à l'adresse de ce dernier, un « Qu'il meure ! »[16], et répéta plusieurs fois ce conseil. Le plus heureux, c'est certes celui qui dut obéir à cet ordre criminel, et non l'homme qui chargea d'une telle décision sa conscience. Mieux vaut subir l'injustice que la commettre [17] et, quand la mort commence à se rapprocher, mieux vaut s'avancer un peu à sa rencontre, comme le fit Catulus, que, comme Marius, d'anéantir ainsi la gloire de six consulats et de souiller ses derniers instants du meurtre d'un tel homme. Prenons Denys, tyran de Syracuse pendant trente-huit ans, et qui en avait vingt-cinq quand il s'empara du pouvoir. Quelle ville magnifique, quel riche état que celui qui dut ainsi subir le joug de la servitude ! L'homme était pourtant, au dire de témoignages plutôt dignes de foi, extrêmement sobre, habile et actif dans la conduite des affaires publiques, mais naturellement méchant et injuste : à ce dernier trait, on ne peut que reconnaître là un homme fort à plaindre. Impuissant en effet à obtenir ce qu'il désirait ardemment, même quand il croyait tout pouvoir : quoique né de parents honorables et honnêtes (encore qu'une autre tradition conteste ce point), qu'il eût nombre d'amis et de parents, sans compter les jeunes adolescents qui étaient ses amants – amours à la mode grecque –, il n'avait confiance en personne. Avec tant d'intimes, c'était à des esclaves, choisis dans la domesticité de riches Syracusains, et qu'il avait personnellement affranchis, c'était à des intrigants venus on ne sait d'où, à des barbares sans scrupule qu'il confiait la garde de sa personne. Ainsi l'injuste passion du pouvoir absolu avait-elle pratiquement fait de lui un prisonnier volontaire. Pour éviter même de confier sa tête à un barbier, ses propres filles avaient dû apprendre à le raser et à le coiffer ; des princesses royales exerçaient ainsi ce vulgaire métier bon pour des servantes et, comme des coiffeuses professionnelles, prenaient soin de la barbe et des cheveux de leur père. Et même à elles, dès qu'elles eurent grandi, il retira l'usage du rasoir, inventant alors de se faire simplement brûler barbe et cheveux au moyen de coques de noix rougies au feu. Quand il venait la nuit retrouver ses épouses – il en avait deux, Aristomachè, une compatriote, et Doris, une Locrienne –, il commençait toujours par examiner et fouiller les moindres recoins de leur appartement. Lui-même dormait d'ordinaire dans un appartement isolé, entouré d'un large fossé sur lequel était jeté un petit pont de bois qui en permettait l'accès, et qu'on relevait dès qu'on fermait les portes de sa chambre. Il n'osait pas davantage monter sur les tribunes officielles ; c'était du haut d'une tour qu'il haranguait la foule. Un jour qu'il jouait à la paume (il aimait beaucoup ce jeu et le pratiquait souvent), et qu'il avait, pour ce faire, retiré sa tunique et confié son glaive à un jeune adolescent, son amant, un de ses familiers lui dit en plaisantant : « Voilà donc enfin quelqu'un à qui tu confies ta vie ! » Ce mot fit rire l'adolescent. Alors Denys les fit exécuter tous les deux, accusant l'un d'avoir clairement révélé une bonne manière de le tuer, et l'autre d'avoir, par son rire, approuvé cette trahison. Meurtre qui d'ailleurs le plongea dans la douleur, et la plus vive de sa vie : car il avait tué un être qu'il aimait avec passion. Voilà de quels déchirements, de quelles contradictions les passions traversent ceux qui n'en sont pas maîtres. On cède à l'une, et c'est une autre qui redresse la tête, et qu'il faut combattre.

Quant à la réalité de son bonheur, il en a lui-même jugé : Damoclès, l'un de ses courtisans, lui rappelait un jour l'étendue de ses richesses, de sa puissance, l'éclat du pouvoir absolu, la magnificence du palais royal, affirmant que personne, jamais, n'avait été aussi heureux que lui. Denys lui dit : « Veux-tu donc, Damoclès, goûter toi-même à cette vie qui te charme, et vérifier l'étendue de ma chance ? » L'autre opina ; alors Denys l'invita à s'installer sur un lit de table doré à l'or fin, sur lequel on avait jeté une couverture superbement tissée et ornée de splendides broderies ; sur son ordre, une vaisselle d'or et d'argent ornait les dressoirs, de jeunes esclaves choisis pour leur exceptionnelle beauté entouraient la table, avec la charge de veiller à son service et de prévenir ses moindres désirs. Rien ne manquait, ni onguents ni couronnes de fleurs ; des parfums brûlaient dans les cassolettes, les tables étaient couvertes des mets les plus exquis : Damoclès s'estimait comblé. Au beau milieu de ces splendeurs, surgit du plafond, sur ordre de Denys, un glaive étincelant, que retenait un simple crin de cheval, et qui était suspendu dangereusement sur la tête de l'homme si heureux. Lequel dès lors cessa de voir les jeunes et beaux serviteurs, l'argenterie artistement ciselée ; cessa de puiser dans les plats ; les couronnes mêmes glissaient toutes seules de sa tête. A la fin, il supplia le tyran de lui donner son congé, alléguant qu'il ne voulait plus être « heureux ».

Alors, qu'en penses-tu ? Denys a-t-il été assez clair ? A-t-il suffisamment proclamé que rien ne peut rendre heureux l'homme sur qui plane sans cesse une terrifiante menace ? Mais lui-même n'avait plus la possibilité de rentrer dans la justice et la légalité, en rendant à ses sujets leur liberté et leurs droits, car dès l'adolescence, âge de l'imprévoyance, il s'était laissé enserrer dans un tel réseau d'erreurs, il avait commis tant d'actes criminels, que revenir à la raison eût été dire adieu à la vie.

Mais il avait beau redouter plus que tout la trahison de ses amis, il avait une violente nostalgie de l'amitié, ce que révéla l'affaire des deux Pythagoriciens : le premier s'était porté caution de la venue du second au jour prévu pour son exécution ; lequel, pour libérer l'ami qui s'était fait son répondant, fut présent à l'heure et au jour fixés pour sa mort, ce qui arracha ce cri à Denys : « Si j'étais seulement le troisième sur la liste de vos amis ! » Oui, c'était un malheur pour lui que d'être privé de relations amicales, d'intimité, de conversations confiantes, d'autant que cet homme était instruit et, dès l'enfance, versé dans les arts. Passionné de musique, il était aussi poète tragique – avait-il ou non du talent ? Je l'ignore, mais là n'est pas la question. Je ne sais pourquoi d'ailleurs tous les poètes tragiques ont une telle estime pour leurs œuvres, bien supérieures, croient-ils, à celles des autres... Je n'ai encore rencontré aucun poète (et j'ai pourtant été l'ami personnel d'Archytas) qui ne se considérât comme le meilleur. Leur attitude se résume à ceci : « Tu adores tes œuvres ; moi, j'adore les miennes ! » Mais revenons à Denys : l'absence de vrais contacts humains, sur le plan culturel et affectif, lui pesait. Il ne vivait qu'avec des esclaves en fuite, des criminels, des barbares, persuadé qu'aucun homme digne de la liberté ou aspirant à l'être ne pouvait être son ami.

Je n'irai pas, moi, comparer à une telle vie, la plus affreuse, la plus misérable, la plus détestable qu'on puisse imaginer, celle d'un Platon, d'un Archytas, ces éminents philosophes, ces sages. Je resterai à Syracuse, et me contenterai de tirer de la poussière où il traçait des figures géométriques un homme obscur, qui vécut bien des années après Denys : Archimède. Cet homme, c'est moi qui ai découvert (j'étais alors questeur [18] à Syracuse) son tombeau, dans le fouillis de ronces et de buissons qui le recouvrait entièrement ; les Syracusains mettaient d'ailleurs en doute l'existence de ce monument. C'est que je connaissais certains petits vers, des sénaires, dont on disait qu'ils avaient été gravés sur le tombeau, et qui faisaient clairement allusion à une sphère et à un cylindre [19] placés au sommet de la tombe. Un jour que j'explorais attentivement du regard le quartier où les tombeaux sont fort nombreux, aux portes d'Agrigente, j'aperçois une petite colonne émergeant à peine des ronces, et sur laquelle reposaient une sphère et un cylindre. Aussitôt, je dis aux Syracusains qui m'accompagnaient – des notables – que c'était là, sans nul doute, ce que je cherchais. On envoya chercher des ouvriers qui, à l'aide de faux, nettoyèrent et dégagèrent le lieu, qui nous devint accessible. Nous pûmes donc parvenir jusqu'au pied de l'édifice, dont nous voyions le socle de face. L'inscription était visible, encore que toute la fin des vers ait été rongée par l'usure et qu'il ne subsistât plus, de ceux-ci, que le second hémistiche. Et voilà comment la plus célèbre des cités grecques, qui fut autrefois aussi la plus cultivée, aurait ignoré le monument du plus brillant de ses enfants, si un citoyen d'Arpinum ne le leur avait révélé.

Mais je me suis écarté de mon propos, et j'y reviens. Y a-t-il un homme au monde, un peu au fait des Muses, je veux dire de la culture et de la science, qui ne préférerait avoir été ce géomètre-ci plutôt que ce tyran-là ? Si nous comparons leur vie et leur activité, que trouvons-nous ? D'un côté,une intelligence qui puise son aliment dans la recherche de lois mathématiques et de leur démonstration, tirant, de sa propre ingéniosité, un vif plaisir, plaisir qui est la plus exquise des nourritures spirituelles ; de l'autre, un esprit tout entier nourri de meurtres, d'injustices, saturé d'une crainte perpétuelle. Prends aussi bien Démocrite, Pythagore, Anaxagore : quelles richesses, dis-moi, quelle puissance peuvent surpasser les joies que leur procurait la recherche philosophique ? Car c'est nécessairement dans la part la meilleure de l'homme qu'on doit trouver ce bien suprême que tu cherches ; et qu'y a-t-il de meilleur en l'homme qu'une intelligence pénétrante et qui fonctionne bien ? Il faut donc pouvoir jouir de ce bien, si nous voulons être heureux. Or, le bon fonctionnement de la pensée se confond avec la vertu ; c'est donc dans la pensée que réside le bonheur. Ainsi peut-on dire, je crois, avec une force nouvelle, que toute action belle, estimable, remarquable, est source de joies nombreuses : et comme il est clair que le bonheur est l'effet d'une suite ininterrompue de joies substantielles, il s'ensuit que le bonheur est l'effet de la vertu.

Portrait du sage. Les trois emplois de la pensée

Ne nous contentons pas d'abstractions cependant, quand nous souhaitons mettre véritablement sous les yeux des lecteurs ce que nous avons en tête : recourons à des images vivantes et mouvantes, qui faciliteront la perception et la compréhension des termes du problème. Proposons-nous un homme d'une éclatante culture, et concentrons un instant sur cette création imaginaire notre attention et notre réflexion. Cet homme ne peut qu'avoir un esprit remarquable : la vertu n'a pas coutume de se faire la compagne des esprits grossiers. Deuxièmement, il se livre avec ardeur à la recherche de la vérité : alors pourront naître ces trois fruits de l'activité spirituelle, compréhension et dévoilement de la nature [20], distinction précise entre ce qu'il faut désirer et ce qu'il faut éviter, c'est-à-dire les bases d'une éthique, capacité enfin de juger de la logique ou de l'illogisme d'un raisonnement, aptitude qui fait toute la pénétration du dialecticien et toute la justesse de la pensée. Comment ne pas sentir la joie substantielle que doit éprouver l'âme du sage, qui est habitée nuit et jour par de tels intérêts ! Joie qui atteindra son sommet quand il distinguera les mouvements et les révolutions de l'univers, quand il verra tous ces astres innombrables fichés dans le ciel contribuer au mouvement général de l'univers en restant précisément dans les demeures qui leur ont été attribuées – tandis que sept astres poursuivent leur course propre, toujours à une grande distance les uns des autres, qu'ils soient au plus haut ou au plus bas de leur position, errance qui n'en respecte pas moins le tracé précis, unique, de leur orbite propre. C'est évidemment une telle vision et les hypothèses qu'elle faisait naître, qui donna à nos grands prédécesseurs le désir de pousser plus avant leurs investigations. C'est alors qu'ils se mirent à rechercher le secret des premiers principes, véritables semences de toute vie, de toute conception, de toute formation ; qu'ils s'interrogèrent sur l'origine de chaque espèce, inanimée ou animée, muette ou douée de la parole ; qu'ils se demandèrent ce qu'est la vie, ce qu'est la mort, quelle loi régit ces transformations incessantes qui les affectent, d'où est venue la terre, quelles forces maintiennent son équilibre, sur quel vide reposent les mers, quelle est cette pesanteur qui attire toujours toute chose vers le centre du monde, et quel est le point le plus bas de la sphère.

Retourner nuit et jour ces questions dans l'esprit, y réfléchir sans cesse, voilà l'acte de naissance de cette étonnante étude recommandée par le dieu de Delphes, qui veut que la pensée reconnaisse son identité propre, et prenne conscience de sa participation à la pensée divine, conscience qui la pénètre d'une joie dont elle ne se rassasie jamais. Méditer sur l'essence et la puissance divines l'enflamme d'un ardent désir d'avoir part à l'éternité de la divinité et, percevant le lien si fermement tissé par la nécessité qui unit toutes choses entre elles, voyant l'enchaînement rigoureux qui déroule de toute éternité et pour l'éternité les causes et les effets, fruit d'une raison et d'une intelligence régulatrices, elle ne peut s'imaginer confinée dans le bref espace de la vie. Quand on a regardé, quand on a levé les yeux ou plutôt embrassé du regard toutes les parties de l'univers, toutes ses extrémités, avec quelle sérénité on reporte les yeux sur les choses humaines, sur les choses d'ici-bas ! C'est alors que naît véritablement la conscience exacte de ce qu'est la vertu, et que s'épanouissent les vertus particulières et générales ; c'est alors qu'on découvre ce qu'est pour la nature l'absolu du bien, l'extrémité du mal, les principes qui fondent les devoirs, et la meilleure manière de vivre. De telles recherches aboutissent principalement à ceci – et c'est tout le sujet de notre débat – que, pour atteindre au bonheur, la vertu n'a besoin que d'elle-même.

J'en viens à la troisième création de l'activité de la pensée, véritable source qui irrigue tous les domaines de la sagesse : l'art de définir, de classer les espèces, de tirer les conséquences, de formuler les conclusions, de distinguer le vrai du faux : je veux dire l'art, la science de la dialectique. Science d'une immense utilité dans l'évaluation de toutes choses, mais surtout plaisir noble et bien digne de la sagesse. Jouissance strictement individuelle cependant. Imaginons alors que le sage s'intéresse à la politique : est-il en ce domaine capacité plus remarquable que celle de discerner, grâce à la sagesse, où est l'intérêt des citoyens ? Y a-t-il trait plus noble que d'être incapable, grâce au sens de la justice, de rien détourner du bien public ? Que d'être à même d'utiliser toute la variété des vertus ? Le sage peut le faire. Ajoute à cela les avantages de l'amitié, chère aux yeux du sage parce qu'elle dispense, quelles que soient les circonstances de la vie, les conseils bienveillants d'une véritable compréhension, et répand sur l'existence le charme extrême d'un échange culturel et affectif constant. Que manque-t-il donc au bonheur d'une telle vie ? Comblée comme elle l'est de joie si nombreuses et si fortes, la Fortune même ne peut que s'incliner devant elle ! Si donc, retirer un sentiment de plénitude de la possession de tels biens spirituels – je veux dire les vertus –, c'est cela le véritable bonheur, et si le sage jouit de cette plénitude, alors il faut bien reconnaître que tous les sages connaissent le bonheur véritable.

Objection : le sage est-il heureux dans les supplices ?

– Le bonheur véritable... même sous la torture, dans les supplices ?

– Je voulais donc dire, d'après toi : sur un lit de roses et de violettes ? Épicure, qui s'est contenté d'endosser le rôle du philosophe et s'est attribué ce nom de son propre chef, pourra dire – et dans la mesure où c'est vrai, je ne puis qu'applaudir à ses paroles – que le sage est toujours capable, même sous le feu, la torture, même si on le coupe en morceaux, de s'écrier : « Je me moque bien de tout cela ! » ? Tu l'y autoriseras, lui qui se raille de ce que nous appelons moralité ou immoralité, et ne voit là que des mots, que du bruit, lui qui pense que la seule chose qui importe à l'homme, ce sont les sensations agréables ou désagréables ? Il aura le droit, lui, dont l'appréciation ne diffère guère de celle des bêtes sauvages, puisqu'il fait dépendre de la Fortune toute espèce de bien et de mal, de se dire heureux dans les tortures et les supplices, et ce, après avoir posé comme préalable que la souffrance est non seulement le mal suprême, mais le seul mal ? Il ne s'est pourtant assuré aucun des remèdes qui permettent de supporter la douleur – courage, honte de l'infamie, entraînement et accoutumance à la douleur, virile endurance ; il se contente d'affirmer que le seul souvenir des plaisirs goûtés une fois garantit la sérénité – comme si, quand on sue à grosses gouttes parce qu'on supporte mal une chaleur trop forte, on se rappelait spontanément qu'un jour, à Arpinum, mon Arpinum natale, on s'est vu entouré de frais cours d'eau ! Non, je ne vois pas comment des plaisirs passés pourraient apaiser une souffrance présente. En tout cas, si lui, qui n'aurait pas dû soutenir cela s'il avait eu le souci de rester cohérent avec lui-même, affirme que le sage est toujours heureux, qu'en sera-t-il alors de ceux qui estiment qu'en dehors de ce qui répond aux exigences de la morale, rien n'est désirable ni à mettre au nombre des biens ? Allons, que les péripatéticiens et l'ancienne Académie m'en croient là-dessus, qu'ils cessent de tergiverser et osent enfin dire bien haut que le bonheur peut même avoir pour demeure le taureau de Phalaris !

Admettons en effet qu'il y ait trois catégories de biens [21], pour nous sortir un peu des filets stoïciens dans lesquels je suis trop longtemps resté pris, je le vois bien. Trois catégories de biens, mais alors précisons que les biens qui relèvent du corps ou de l'extérieur sont vraiment situés au ras du sol et ne doivent ce nom de « biens » qu'au fait que ce sont là des choses toujours bonnes à prendre : et rappelons que les autres biens, vraiment divins, eux, ont une étendue, une grandeur incomparables qui leur fait toucher le ciel : alors comment pourrais-je dire que la possession de ces biens-là apporte certes le bonheur, mais pas le comble du bonheur ? Serait-ce que le sage redoute la souffrance ? Car c'est bien elle qui s'oppose le plus vivement à notre thèse. Contre la mort, la nôtre ou celle de nos proches, contre toutes les passions de l'âme, contre le chagrin, nous avons réussi, semble-t-il, dans nos débats de ces derniers jours, à nous constituer une solide défense. Mais la souffrance ? J'y vois le plus redoutable adversaire de la vertu : elle dirige contre celle-ci ses torches ardentes, elle menace d'impuissance le courage, la grandeur d'âme, la patience. La vertu succombera-t-elle donc, le bonheur de l'homme sage et ferme devra donc céder la place ? Quelle honte, grands dieux ! La douleur des coups de fouet n'arrache pas un gémissement aux enfants de Sparte ; j'ai moi-même vu de mes yeux à Lacédémone l'incroyable résistance de bataillons entiers d'adolescents, qui se battaient à coups de poings, de pieds, d'ongles et de dents, préférant perdre connaissance que de s'avouer vaincus. Et l'Inde ? Pas de nation barbare qui soit plus sauvage, plus inculte ; pourtant, ceux que l'on y considère comme des sages sont des hommes capables de vivre nus et de supporter sans en souffrir les neiges du Caucase et les rigueurs de son hiver ; des hommes qui peuvent marcher sur le feu et endurer la flamme sans un gémissement. Même les femmes, en Inde, à la mort de leur mari, rivalisent de courage et demandent qu'on établisse laquelle d'entre elles (l'Inde est polygame) était la plus aimée du défunt ; et celle qui l'a emporté, toute joyeuse, part, escortée de ses proches, rejoindre le bûcher de son époux pour y brûler avec lui, tandis que celle qui a été vaincue se retire, déçue. Le seul respect de la coutume serait bien incapable de vaincre la nature ; la nature ne se laisse jamais vaincre. Non, c'est nous qui avons contaminé nos âmes par une vie trop protégée, une vie de raffinement, d'oisiveté, de laisser-aller, de paresse ; c'est nous qui l'avons séduite et amollie par des idées fausses et un mode de vie déplorable. Tout le monde connaît cette coutume chère aux Égyptiens, esprits imbus de superstitions, qui subiraient plutôt la torture que de commettre le sacrilège de blesser un ibis, un aspic, un chat, un chien, un crocodile ; si par mégarde ils ont fait quelque mal à l'un de ces animaux, ils acceptent tous les châtiments. Et je ne parle là que des hommes ; mais quoi ? Les bêtes ne supportent-elles pas le froid, la faim, les errances à travers montagnes et forêts ? Ne défendent-elles pas leurs petits en leur faisant un rempart de leur corps, acceptant le risque d'être blessées, sans céder à la menace d'aucun assaut ni d'aucun coup ? Et passons sur tout ce qu'acceptent d'endurer, pour l'amour des honneurs, les hommes avides de pouvoir, pour l'amour de la gloire, les hommes avides de louanges, pour satisfaire leur désir enfin, les amoureux éperdus... La vie des hommes regorge d'exemples de ce type.

Mais je me laisse emporter loin de mon point de départ. Revenons-y. Je le redis, la vie heureuse se livrera aux supplices, escortée par la tempérance, le courage, la grandeur d'âme, la patience ; elle ne reculera pas devant le visage du bourreau, elle ne laissera pas les vertus s'avancer seules, libres de tout effroi, vers les tortures ; elle ne restera pas à la porte et sur le seuil de la prison, pour reprendre mon allégorie. Quoi de plus honteux, de plus laid que de rester seule en abandonnant de si splendides compagnes ? Non, cela ne peut absolument pas être : car sans le bonheur, les vertus se désagrègent, et sans les vertus, le bonheur n'existe plus. C'est pourquoi elles ne lui permettent pas de tergiverser, mais l'entraînent avec elles, quelque torture, quelque souffrance qui les attendent. Le sage ne fait rien dont il puisse se repentir, il ne fait rien à contre-cœur ; toute sa vie est rayonnante, fidèle à elle-même, responsable, d'une parfaite moralité. Son attente du futur ne verse jamais dans l'illusion, sa surprise devant un événement ne va jamais jusqu'à l'estimer imprévisible, inouï : il pèse toutes choses sur la balance de la réflexion personnelle, et s'en tient à ses conclusions. D'état plus heureux que celui-là, je n'en vois, moi, vraiment pas. Le raisonnement des stoïciens est là-dessus limpide : comme ils placent le souverain bien dans le fait de se conformer à la nature et de vivre en harmonie avec elle, comme c'est là pour eux le devoir du sage et qu'ils l'estiment capable de le remplir, il s'ensuit nécessairement que l'homme capable du bien suprême est capable de vivre heureux. La conclusion, c'est donc la réalité du bonheur du sage. Et tu as là ce qu'on a dit de plus courageux sur le bonheur, à mon avis, et de plus vrai – à moins que tu n'aies mieux à nous proposer.

– Rien de mieux, non, bien sûr. Mais j'aimerais que tu m'éclaires sur un point, si cela ne t'ennuie pas, et puisque aucun lien contraignant ne te rattache à une école philosophique déterminée, toi qui prends dans chacune d'elles ce qui te semble le plus conforme à la vérité. Tout à l'heure, tu semblais inviter les péripatéticiens et l'ancienne Académie à oser affirmer librement, sans réticence, l'absolu du bonheur que goûte le sage. Je voudrais donc que tu me dises comment une telle affirmation pourrait, d'après toi, être cohérente avec leur système ; car par ailleurs tu as longuement argumenté contre leur théorie, en t'appuyant sur les conclusions des stoïciens.

– Usons donc de la liberté dont nous sommes les seuls, parmi les philosophes, à véritablement user : nos démonstrations ne reflètent jamais un point de vue unique et bien à nous, mais restent ouvertes à tous les points de vue, permettant ainsi à ceux qui nous écoutent de juger des idées elles-mêmes, et pour elles-mêmes, indépendamment de toute autorité. Et puisque tu me sembles au fond désireux, en dépit des dissensions des philosophes sur le problème de la limite extrême du bien, d'assurer à la vertu des ressources suffisantes à lui garantir le bonheur, je reprends à mon compte la thèse que Carnéade aimait à soutenir. Sans pour autant, comme lui, polémiquer contre les stoïciens ; il s'acharnait toujours à les réfuter, et leurs théories lui échauffaient la cervelle ! Nous, nous plaiderons la même cause, mais sans antagonisme d'école. Et s'il s'avère que les stoïciens ont correctement défini le souverain bien, l'affaire sera entendue : nous ne pourrons que conclure au bonheur du sage.

QUE GARDER DES DIFFÉRENTES DOCTRINES ? RECHERCHE DU VRAISEMBLABLE

Rappel des principales théories du bonheur

Mais penchons-nous successivement sur chaque doctrine, pour voir, si nous le pouvons, si ce superbe article de foi – le bonheur – ne pourrait pas être compatible avec toutes les doctrines et toutes les écoles.

Sur ce problème des limites extrêmes du bien, certaines thèses, me semble-t-il, sont restées dans l'histoire, et sont toujours soutenues. Et d'abord ces quatre-ci, très simples : tout bien réside dans la moralité, thèse des stoïciens ; tout bien réside dans le plaisir, thèse d'Épicure ; tout bien réside dans l'absence de douleur, c'est le point de vue de Hiéronyme ; tout bien réside dans la jouissance de tous les biens essentiels de la nature, ou du moins des plus importants de ces biens – c'est la thèse que Carnéade soutient contre les stoïciens. Jusqu'ici, c'est simple. Voici des doctrines plus complexes : il y a trois catégories de biens, les biens de l'âme, ceux du corps, les biens extérieurs enfin : c'est la position des péripatéticiens, très proche de celle de l'ancienne Académie. Dinomaque et Calliphon, eux, associent plaisir et moralité, tandis que Diodore, péripatéticien, exige, outre la moralité, l'absence de douleur. Voilà pour les thèses qui ont quelque poids. Quant à celles d'Ariston, de Pyrrhon, d'Hérillus et de quelques autres, elles se sont évanouies en fumées ! Voyons donc ce que l'on peut garder des premières, sans revenir pourtant sur les stoïciens, dont j'ai suffisamment défendu la cause.

Celle des péripatéticiens est aisée à soutenir, à condition d'en exclure Théophraste et tous ceux qui, à sa suite, sont paralysés d'effroi devant une douleur qu'ils redoutent par-dessus tout. Les autres au moins ont toujours la possibilité de faire ce qu'ils font d'ailleurs, à savoir d'exalter la grandeur et la dignité de la vertu. Quand ils l'ont élevée jusqu'au ciel – ce qu'ils font d'ordinaire avec brio, car ils sont éloquents –, la comparaison implicite qui s'en dégage leur permet sans difficulté de fouler aux pieds avec mépris le reste. Non qu'ils en soient moins sujets à certains maux : mais le terme de bonheur a de nombreuses et larges acceptions. On dit bien qu'un marché a été avantageux, qu'une culture a été fertile, non que celui-là ait été exempt de pertes, ni celle-ci à l'abri des caprices redoutables du temps, mais parce que, dans l'ensemble, ces deux opérations ont été heureuses ; ainsi peut-on qualifier à bon droit une vie d'« heureuse », non seulement quand elle a été comblée de biens, mais quand le nombre et le poids de ces biens font pencher en leur faveur le plateau de la balance. Ils concluent donc, s'appuyant en cela sur l'autorité d'Aristote, de Xénocrate, de Speusippe, de Polémon, que le bonheur peut accompagner la vertu jusque dans les supplices et descendre avec elle dans les flancs du taureau de Phalaris, qu'il saura résister à la séduction des douceurs de la vie et ne pas déserter. Le bonheur fera bonne figure aussi chez Calliphon et Diodore : tous deux sont si épris de la vertu qu'ils estiment que son absence suffit à déconsidérer entièrement le reste. Pour les autres, ma foi, c'est un peu plus juste, mais ils s'en tirent : Épicure, Hiéronyme, et les rares qui ont à cœur de défendre une thèse bien abandonnée, celle de Carnéade. Aucun d'eux en effet qui ne fasse de l'âme l'arbitre des biens, qui ne la forme à cultiver le mépris des apparences, bonnes ou mauvaises. Ainsi les arguments que tu crois propres à Épicure sont aussi bien ceux de Carnéade ou d'Hiéronyme ; et c'est pour tous la même chose. En est-il un en effet qui n'ait pas soigneusement organisé sa défense contre la mort ou la douleur ? Commençons, si tu veux bien, par celui que nous accusons couramment de nonchalance spirituelle ou de complaisance au plaisir !

Vies heureuses des philosophes

Voyons les faits : c'est donc là l'homme qui te semble craindre la mort et la douleur, celui qui qualifia d'heureux jour le jour de sa mort et qui, accablé des pires douleurs, sut les réduire au silence en se remémorant ses découvertes, en se concentrant sur leur souvenir, nous interdisant de ne voir là que bavardage de circonstance ? La mort, pour lui, c'est, immédiatement après la dissolution de l'âme, l'extinction du sentiment, privation qui, estime-t-il, n'a aucune importance pour nous. Vis-à-vis de la douleur, il propose une thérapie précise : quand une douleur est violente, elle est brève, dit-il ; quand elle persiste, alors elle est légère. Et finalement, face à ces deux grandes angoisses humaines, nos philosophes aux formules ronflantes s'en tirent-ils mieux qu'Épicure ? Mais c'est du côté des autres maux peut-être qu'Épicure et ces philosophes te semblent faibles ? Qui n'a jamais eu peur de la pauvreté ? diras-tu. Eh ! mais, tous les philosophes, sans exception, et particulièrement celui-là, qui se contentait de bien peu ! Personne n'a davantage plaidé pour la sobriété. L'amour de l'argent ne vient pas en effet d'autre chose que du désir de pouvoir faire face aux besoins de la passion amoureuse, de l'ambition, du train de vie. Mais quand on est indifférent à tout cela, pourquoi voudrait-on à tout prix avoir de l'argent, pourquoi s'en soucierait-on le moins du monde ? Anacharsis [22], un Scythe, a pu mépriser complètement l'argent, et nos philosophes grecs et latins en seraient incapables ? La tradition nous rapporte qu'il écrivit cette lettre : « Anacharsis à Hannon : bonjour. Mon manteau, c'est la pèlerine scythe ; mes souliers, la corne de mes pieds ; ma couche, la terre ; l'assaisonnement de mes plats, la faim ; ma nourriture, c'est du lait, du fromage, de la viande. C'est donc à un homme en paix que tu rendras visite, si tu en as le désir. Quant aux cadeaux dont tu me parles avec tant d'élan, offre-les à tes concitoyens ou aux dieux immortels. » Et presque tous les philosophes, toutes écoles confondues – excepté ceux qu'un tempérament naturellement pervers détournait de la droite raison – ont été de cette trempe, ou auraient pu l'être. Une procession qui transportait une grande masse d'or et d'argent vint à passer devant Socrate : « Que de choses que je ne désire pas ! » fut sa seule réflexion. Des envoyés d'Alexandre avaient apporté de sa part à Xénocrate cinquante talents, somme énorme en ce temps-là, à Athènes surtout. Il emmena les envoyés déjeuner à l'Académie, où il leur offrit de quoi se rassasier, mais sans le moindre apprêt. Le lendemain, ils lui demandèrent quel était son comptable, pour lui remettre l'argent à son intention : « Comment ? dit-il. Vous n'avez donc pas vu hier que je n'avais pas besoin d'argent ? » Comme il les vit un peu vexés, il accepta trente mines, pour ne pas avoir l'air de mépriser la libéralité royale. Diogène, lui, en bon cynique, prit moins de gants avec Alexandre, qui lui demandait s'il avait besoin de quelque chose : « Oui, répondit-il ; pour l'instant, que tu t'écartes un tout petit peu de mon soleil. » Sans doute Alexandre lui faisait-il un peu d'ombre, et il se chauffait au soleil ! Il aimait d'ailleurs à soutenir qu'il avait une vie et une fortune bien supérieures à celles du roi des Perses : à lui, Diogène, rien ne manquait ; l'autre n'en avait jamais assez ; ces plaisirs qui laissaient le roi toujours insatisfait, il ne les désirait nullement ; quant à ses propres plaisirs, l'autre était bien incapable d'y prétendre.

La pauvreté est-elle un obstacle au bonheur ?

Épicure a opéré une classification des genres de plaisirs, comme tu le sais, j'imagine ; division qui, sans être très subtile, n'en est pas moins utile. Dans la première catégorie, on trouve les plaisirs naturels et nécessaires ; dans la seconde, les plaisirs naturels mais superflus ; dans la troisième, ceux qui ne sont ni naturels ni nécessaires. Il suffit de presque rien pour satisfaire aux plaisirs nécessaires : les richesses de la nature sont toujours accessibles. Pour les plaisirs de la seconde espèce, il est aussi facile de se les procurer, pense-t-il, que de s'en passer. Mais pour les plaisirs de la troisième catégorie, plaisirs totalement vains et sans nécessité aucune, sans le moindre rapport avec la nature, il estime qu'il faut les rejeter sans compromission. Les épicuriens s'attardent beaucoup sur ces points ; ils passent au crible chacun des plaisirs ; mais, s'ils ne font donc pas fi de leur qualité propre, c'est surtout leur utilité qui les intéresse. Prenons en effet les plaisirs sexuels : ils en parlent d'abondance. Plaisirs qui sont aisés à se procurer, communs à tous les hommes et à la portée de tous. Quand la nature les réclame impérieusement, leur prix n'a rien à voir avec la naissance, la famille, le rang social : ce serait une erreur que d'exiger ces qualités ; ce qui compte, c'est la beauté, la jeunesse, le corps. Il est d'ailleurs facile de s'en abstenir, si santé, devoir ou réputation exigent cette abstinence. De manière plus générale, le plaisir sexuel est désirable, quand il n'est pas nuisible, mais il n'est jamais utile. Et toute la théorie épicurienne du plaisir pourrait se résumer ainsi : le plaisir, parce qu'il est plaisir, est toujours désirable, on doit le rechercher en lui-même et pour lui-même ; inversement la douleur, par cela seul qu'elle est douleur, est toujours à éviter. Le sage pèsera donc les avantages et les inconvénients : si le plaisir doit entraîner une douleur plus forte, il le fuira ; il acceptera une douleur si elle mène à un plaisir plus grand. D'ailleurs, même si c'est par les sens que passe toute perception du plaisir, celui-ci concerne aussi l'âme : car la jouissance physique se limite à la sensation d'un plaisir actuel ; l'âme, elle, qui d'ailleurs ressent aussi ce plaisir actuel, peut de plus anticiper le plaisir avant qu'il ne soit là, et ne pas laisser s'évanouir son souvenir quand il est passé. Ainsi y aura-t-il, dans l'âme du sage, une perpétuelle succession de plaisirs s'enchaînant les uns aux autres, puisqu'à l'attente du plaisir espéré vient se joindre le souvenir de la jouissance. Il applique le même raisonnement dans la recherche de la vie idéale, réduisant à néant les magnificences et les dépenses des banquets avec ce même argument, que la nature se contente de peu. Et il n'a pas tort : qui ne voit que faim et soif sont des épices qui relèvent les plats ? Darius, en pleine retraite, contraint de boire une eau bourbeuse et salie par des cadavres, affirma n'avoir jamais rien bu de plus délicieux. Sans doute n'avait-il jamais dû attendre d'avoir soif pour boire, tout comme Ptolémée n'attendait pas d'avoir faim pour manger : au cours d'une excursion en Égypte, ayant perdu son escorte, il atterrit dans une cabane où on ne put lui offrir qu'un pain grossier : rien ne lui parut plus exquis que ce pain. Et Socrate, dit-on, à qui on demandait pourquoi il se promenait en forçant l'allure jusqu'au soir tombé, répondit qu'il voulait faire provision de faim pour mieux dîner. Ne voyons-nous pas ce qui compose le menu officiel des Lacédémoniens ? Denys le tyran, après un repas à Sparte, fit remarquer que le fameux brouet noir, plat de résistance, ne lui avait guère plu ; le cuisinier lui dit : « Cela ne m'étonne pas, il n'y avait pas d'assaisonnement. – Quel assaisonnement ? demanda Denys. – La fatigue du chasseur, la sueur, la course jusqu'à l'Eurotas, la faim, la soif. Voilà l'assaisonnement d'un repas à Lacédémone. »

A ces exemples humains, vient s'ajouter l'exemple des animaux : ce qu'ils trouvent, ce qu'on met devant eux, pourvu que leur nature n'y répugne pas, ils s'en contentent et ne vont pas chercher plus loin. Des nations entières, quoique cultivées, firent leurs délices d'une extrême sobriété – comme Lacédémone, que je viens d'évoquer. Xénophon nous décrit le menu des Perses : jamais autre chose avec leur pain que du cresson. Si d'ailleurs la nature exigeait plus d'agrément, nous avons les productions naturelles, si aisées à se procurer et si savoureuses. Autre avantage de la sobriété : un corps toujours dispos, une santé sans défaillance. Regarde, à côté, ces gens qui suent, qui rotent, qui sortent d'un banquet aussi lourds que des bœufs à l'engrais ! Tu comprendras alors qu'à trop rechercher le plaisir, on ne l'obtient pas, et que l'agrément d'un repas tient à l'appétit, non à la goinfrerie.

On raconte que Timothée, important homme politique d'Athènes, avait dîné chez Platon, et que, ravi de sa soirée, il avait été le trouver le lendemain pour lui dire : « Les repas chez les vôtres ne sont pas seulement agréables sur le moment, ils le sont encore le jour qui suit ! » Ne parlons même pas du fait qu'à trop manger et trop boire l'esprit devient incapable de fonctionner correctement. Nous avons une lettre fameuse de Platon aux parents de Dion[22], où l'on trouve un passage qui dit à peu près ceci : « Quand j'arrivai là-bas, ce prétendu bonheur de vivre, avec tous les raffinements des cuisines italienne et syracusaine, ne me séduisit nullement : se gaver deux fois par jour, ne jamais pouvoir passer seul les soirées, sans compter toutes les complaisances qui vont de pair avec une telle vie, tout cela ne fera jamais un homme avisé, encore moins un sage. Quel tempérament pourrait donc, par miracle, s'accommoder d'une pareille existence ? » Oui, comment une vie d'où toute prévoyance, d'où toute mesure sont exclues pourrait-elle plaire ? C'est là l'aberration de Sardanapale, ce roi syrien fabuleusement riche, qui fit graver sur son tombeau : « Je ne possède véritablement que ce que j'ai mangé, que ce dont se sont gorgés mes désirs. Quant au reste, tous ces biens splendides que je n'ai pu emporter, ils reposent ici, inutiles. » On connaît le commentaire d'Aristote : « Épitaphe d'un bœuf, non d'un roi. Affirmer qu'on possède, mort, ce qu'on n'a jamais " possédé ", vivant, que le court instant de la jouissance ! » Dès lors, pourquoi des richesses, et en quoi la pauvreté empêche-t-elle d'être heureux ? Je veux bien qu'on aime passionnément statues et tableaux, mais cette passion ne peut-elle être plus aisément assouvie avec une modeste fortune que par l'accumulation d'une collection personnelle ? Car il y a dans notre ville abondance d'œuvres accessibles au public. Les collectionneurs privés n'en ont pas autant, et encore ne voient-ils que rarement leur collection, à l'occasion d'un séjour dans leur maison de campagne. Puis elle ne laisse pas de leur donner un vague remords, quand ils se rappellent comment ils se la sont procurée... Mais le jour ne serait pas assez long si je voulais plaider la cause de la pauvreté. Il est trop évident en effet, et cette évidence, la nature nous la rappelle tous les jours, que nos véritables besoins sont fort réduits, forts modestes, fort peu chers à satisfaire.

L'obscurité sociale est-elle un obstacle ?

L'obstacle au bonheur du sage, ce sera alors le peu d'éclat, l'humilité de la condition sociale, ou même la défaveur populaire ? Mais prenons garde : la faveur du peuple, les exigences de la gloire, risquent d'être davantage sources d'ennui que de plaisir. Il se montre bien un peu futile, notre illustre Démosthène, quand il avoue qu'il prend plaisir à entendre une porteuse d'eau (les femmes font ce métier en Grèce) chuchoter à mi-voix à sa compagne : « Le voilà, c'est lui, le fameux Démosthène ! » Quoi de plus léger ? Et pourtant, quel immense orateur ! Mais il avait visiblement appris à sermonner les autres, non lui-même ! C'est qu'il faut bien comprendre que la gloire issue de la faveur populaire n'est nullement désirable en elle-même, pas plus que l'obscurité n'est redoutable. « Je suis venu à Athènes, dit Démocrite, et personne ne m'a reconnu. » Jolie preuve de constance et de sérieux, que de se glorifier de l'absence de la gloire ! Quand des joueuses de flûte ou des musiciens savent ne se fier qu'à leur propre goût et non à celui du public pour moduler leurs chants, le sage, dont l'art est si supérieur, se mettra en quête, non de la pure vérité, mais de la volonté capricieuse du vulgaire ? Quoi de plus déraisonnable que de croire à la valeur du jugement d'une foule dont on mépriserait les individus vulgaires et barbares qui la composent ? Le sage méprisera nos ambitions et nos vanités, il refusera, même si on les lui propose, des honneurs offerts par le peuple – renoncement dont, tant que nous n'aurons pas eu à les regretter, nous serons incapables. Le physicien Héraclite, évoquant le prince des Éphésiens, Hermodore, nous dit que tous les Éphésiens méritent la peine de mort, parce qu'après avoir chassé celui-ci de la cité ils eurent ce mot : « Nous ne voulons plus parmi nous d'homme supérieur. S'il en apparaît un, qu'il aille ailleurs, chez les autres ! » Mais tout peuple n'a-t-il pas la même attitude ? La haine populaire de la supériorité morale n'est-elle pas générale ? Allons ! prenons Aristide[22"] (car mieux vaut sur ce point prendre nos exemples ailleurs que chez nous...) : n'a-t-il pas été condamné à l'exil sous le prétexte qu'il était « trop » juste ? Que de tracas s'épargnent donc ceux qui n'ont rien à faire avec le peuple ! Et qu'y a-t-il de plus doux qu'une retraite que l'on consacre à se cultiver – j'entends par là la science qui nous fait accéder à l'infini de l'univers et de la nature, qui nous ouvre, dans le monde qui est le nôtre, la connaissance du ciel, de la terre et des mers ?

L'exil est-il un malheur ?

Une fois acquis le mépris des honneurs et le mépris de l'argent, que reste-t-il donc à redouter ? L'exil ? Admettons-le, puisqu'on le range communément parmi les plus grands maux. Si ce classement vient de sa cause – hostilité ou haine du peuple –, je viens de montrer combien celle-ci doit être tenue pour méprisable. Si au contraire c'est l'éloignement de la patrie qui est chose malheureuse, alors les provinces sont pleines de malheureux dont la plupart ne revoit jamais sa patrie. – Mais les exilés sont frappés d'une peine sévère, la confiscation de leurs biens. – Et alors ? N'avons-nous pas assez montré qu'il faut savoir supporter la pauvreté ? D'ailleurs, si nous nous intéressons à la réalité de la chose sans nous soucier de ce que le terme a d'infamant, en quoi l'exil est-il si différent d'un séjour indéfiniment prolongé à l'étranger ? Situation où les plus illustres philosophes ont passé leur vie, Xénocrate, Crantor, Arcésilas, Lacyde, Aristote, Théophraste, Zénon, Cléanthe, Chrysippe, Antipater, Carnéade, Clitomaque, Philon, Antiochus, Panétius, Posidonius, et tant d'autres : une fois partis de chez eux ils n'y sont jamais revenus. – Mais leur départ n'était pas dû à une flétrissure publique. – L'exil peut-il jamais être une flétrissure pour le sage ? Car c'est du sage dont traite tout notre débat : or l'exil du sage est nécessairement injustifié. Et pour celui qui a mérité son exil, il n'y a pas lieu de l'en consoler.

Finalement, le système philosophique qui pose le plaisir comme principe directeur de toute l'existence permet de prendre fort bien tous les coups du sort, car en quelque lieu qu'aient à vivre ses adeptes, il leur est loisible d'y être heureux. En ce sens, toute école philosophique peut adopter la formule de Teucer : « Ma patrie est partout où tout va bien pour moi. » Et Socrate, à qui on demandait quel était son pays, répondit : « Le monde. » Oui, habitant et citoyen du monde, voilà l'identité qu'il se donnait. Faut-il évoquer la parfaite sérénité d'un Titus Albucius, philosophant à Athènes, où il était en exil ? Exil d'ailleurs qu'il n'aurait pas eu à subir, s'il avait suivi les préceptes d'Épicure et se fût tranquillement tenu à l'écard de la politique. Inversement d'ailleurs, qu'Épicure vécût dans sa patrie et Métrodore à Athènes où il était un étranger, en quoi cela rend-il le bonheur d'Épicure supérieur à celui de Métrodore ? Si nous confrontons Platon et Xénocrate, Polémon et Arcésilas, en quoi les premiers ont-ils été plus heureux ? Quelle si grande valeur a donc une cité qui expulse les gens de bien et les sages ? Démarate, le père de Tarquin, l'un des rois de Rome, estimant insupportable la tyrannie de Cypselus, s'exila volontairement de Corinthe pour gagner Tarquinies, où il réussit à asseoir sa position et à avoir femme et enfants. Est-il donc stupide d'avoir préféré la liberté dans l'exil à la servitude dans sa patrie ?

Les infirmités physiques empêchent-elles le bonheur ?

D'ailleurs toutes les pertubations morales, les soucis, les chagrins, s'estompent peu à peu dans la

mémoire et s'apaisent, cependant que l'âme renaît au plaisir. Épicure n'a pas tort d'avoir osé soutenir que le sage a toujours un surplus de biens, puisqu'il est toujours au sein des plaisirs ; d'où sa conclusion – cela même que nous cherchons à démontrer – que le sage est toujours heureux. – Même s'il perd le sens de la vue, de l'ouïe ? – Même dans ce cas : car ces maux-là aussi, il les méprise. D'abord, cette cécité qu'on trouve si terrifiante, de quels plaisirs au fond nous prive-t-elle ? Certains soutiennent même que, si tous les autres plaisirs affectent directement les organes de nos sens, les perceptions visuelles, elles, n'apportent aucune jouissance à l'œil, à la différence des sensations gustatives, olfactives, tactiles et auditives, qui impressionnent les organes correspondants. Donc, rien de tel pour l'œil : c'est l'âme qui ressent ce que l'œil voit. Or l'âme peut nous procurer bien des joies diverses sans passer par la vue. Je parle, bien sûr, d'un homme savant, cultivé, pour qui vivre c'est penser. Or la pensée du sage, pour se livrer à la méditation, n'a guère besoin de l'aide des yeux. Et si la nuit ne peut nous retirer le bonheur, pourquoi les jours sombres le pourraient-ils ? Un peu obscène, mais nullement absurde, ce mot du Cyrénaïque Antipater, aux âmes trop tendres qui déploraient sa cécité : « Quels sont ces pleurs ? Seriez-vous aveugles aux plaisirs de la nuit ? » Et le fameux Appius, Appius l'ancien, qui fut aveugle très tôt, nous voyons bien, par les magistratures qu'il a exercées, par son action politique, qu'il a pu remplir, en dépit de son malheur, tous ses devoirs d'homme public et privé. Nous savons que la maison de Caïus Drusus était toujours pleine de clients venus lui demander conseil : incapables de voir clair dans leurs affaires, ils venaient solliciter les lumières d'un aveugle. Dans mon enfance, le préteur Cneius Aufidius donnait son avis au sénat, aidait ses amis à résoudre leurs problèmes, écrivait une histoire de la Grèce, et voyait clair en matière de littérature.

Devenu aveugle, le stoïcien Diodote vécut longtemps chez moi. Cas presque incroyable, car non seulement il s'adonnait à la philosophie beaucoup plus assidûment qu'avant son accident, s'accompagnant de la lyre, à la mode pythagoricienne, et se faisant lire des livres nuit et jour – toutes choses effectivement accessibles à un aveugle –, mais, ce que l'on croirait impossible à qui n'a plus l'usage de ses yeux, il enseignait la géométrie, indiquant verbalement à ses élèves de quel point faire partir le tracé d'une ligne, jusqu'où la mener, et la nature de celle-ci. Voici encore un exemple : on demandait à Asclépiade, philosophe de l'école d'Érétrie, et non des moindres, ce que la cécité avait entraîné pour lui ; il répondit qu'elle lui avait apporté une compagnie supplémentaire, un esclave de plus. De même que la plus extrême pauvreté serait tolérable, si nous étions capables de vivre comme certains Grecs déjà nommés, nous pourrions facilement supporter d'être aveugles si les remèdes appropriés à la maladie ne nous faisaient pas défaut. Démocrite, devenu aveugle, pouvait bien être incapable de distinguer le blanc du noir, il distinguait en revanche fort clairement le bien du mal, le juste de l'injuste, la moralité de l'immoralité, l'utile de l'inutile, et les grandes choses des petites ; privé de la palette des couleurs, il lui était possible encore d'être heureux ; ç'eût été tout à fait impossible, s'il avait été privé de la faculté de penser. Cette âme virile allait même jusqu'à estimer que la lucidité de l'esprit ne pouvait qu'être gênée par la vision des choses et, tandis que les autres

NOTES

GUÉRIR LES PASSIONS

(*IVᵉ Tusculane*)

1. *La République (de Republica)*, fut écrite par Cicéron en 54, au milieu d'une démoralisation croissante de l'État. Le titre est emprunté à Platon. L'ouvrage définissait le gouvernement idéal comme un tempérament entre la monarchie, l'aristocratie et la démocratie. Posait la justice à la base de la vie sociale, appelait tous les esprits droits au service de l'État, et, comme Platon mettait le philosophe à la tête de la cité, voyait dans l'orateur accompli (philosophe, naturellement), le dirigeant naturel de la cité.

2. *Lucius Brutus*, ancêtre du dédicataire des Tusculanes, n'est autre que le légendaire fondateur de la république romaine, qui prit l'initiative de chasser le roi étrusque Tarquin le Superbe : son fils avait déchaîné la colère des Romains en violant Lucrèce, femme d'un de ses parents, Tarquin Collatin. Celui-ci, avec l'aide de son cousin Junius Brutus, souleva le peuple contre le roi. La République est proclamée, en l'an 509.

3. *Numa :* roi de Rome, successeur sabin du fondateur Romulus, au VIIIᵉ s. avant notre ère. Réputé pour ses vertus, pieux et pacifique, la légende attribue à Numa une compagne mythique, la nymphe Égérie, et l'influence des leçons de Pythagore.

4. *Loi des Douze Tables :* après la sécession de la plèbe romaine sur l'Aventin, en 494 av. J.-C., pour réclamer l'accès à la vie politique, et la création de tribuns de la plèbe, chargés de la représenter, on décida, en 451, la rédaction d'un code de lois qui instaurerait l'égalité civile entre patriciens et plébéiens, rédigé par dix décemvirs investis de l'autorité absolue jusqu'à la rédaction définitive, rédaction qui prit douze ans.

5. *Laelius et Scipion :* Gaïus Laelius était le plus proche ami de Scipion Émilien dit l'Africain, qui couronna les efforts romains dans la longue lutte contre Carthage en bloquant l'entrée du port (la cité tomba en 146). Esprit éminemment distingué, il rassembla à Rome autour de lui écrivains et penseurs, dont le philosophe Panétius. Opposant courageux des Gracques, toutes ces raisons en font un homme dont Cicéron admire fort la personnalité : il en fait le caractère central du *De Republica,* du *De Senectute (Savoir vieillir),* et du *De Amicitia (L'amitié)* qui montre l'amitié existant entre Scipion et Laelius, lequel partageait les goûts philosophiques et artistiques de son ami.

6. *Ame rationnelle et âme irrationnelle* chez Platon : voir Repères philosophiques 2.

7. Vers de l'Alcméon d'Ennius. Ennius (239-169 av. J.-C.), premier grand poète romain. Sa présence est donc naturelle dans un texte qui s'ouvre sur un éloge des « talents de nos compatriotes ». Auteur d'une grande épopée en 18 livres, *les Annales,* Ennius est aussi un poète tragique, et l'*Alcméon* l'une de ses tragédies.

8. *Hippolyte,* dans la pièce d'Euripide qui fixe sa légende, est le fidèle serviteur de la déesse vierge, Diane pour les Romains. On connaît sa terreur indignée devant l'amour que lui voue la femme de son père, Phèdre.

9. *Timon d'Athènes,* dit le Misanthrope, caractère semi-légendaire, qui semble avoir vécu à l'époque de Périclès. Aristophane est le premier à l'évoquer. Plutarque le fera connaître à Shakespeare.

10. Pour les stoïciens, la vertu est un tout : celui qui n'est pas un sage est un « stultus », un non-sage ou un insensé, sans degrés. Cf. Repères philosophiques 2.

11. Le mot est celui d'un personnage d'une comédie de Trabéa. Quintus Trabea, écrivain latin, auteur de comédies dites *palliatae,* c'est-à-dire présentant des personnages grecs et vêtus du *pallium* grec.

12. *Tantale :* Cicéron choisit ici pour les besoins de sa cause l'une des versions de la légende. L'autre présente Tantale aux Enfers, étendu près de l'eau d'un ruisseau qui s'éloignait dès qu'il voulait boire, et sous les fruits d'un arbre qu'il ne pouvait atteindre. Il préfigure ici l'histoire de Damoclès *(Ve Tusculane).*

13. Les *Paradoxes* des stoïciens étaient souvent l'objet de critiques de cet Ordre. Cicéron écrivit un ouvrage, les *Paradoxes* des stoïciens, très peu de temps avant les *Tusculanes,* en 47, ouvrage dans lequel il présente et commente six paradoxes stoïciens.

13'. *Le rocher de Leucate :* promontoire au sud-ouest de cette île de la mer Ionienne, d'où l'on jetait les criminels à l'eau. La célèbre poétesse Sappho s'y précipita, dit-on, par désespoir d'amour (cf. Ovide, *Héroïdes,* XV).

14. *Thémistocle* (528-462 av. J.-C.), célèbre homme politique athénien, contemporain de Miltiade, Athénien lui aussi (550-489), qui fut chargé par Hippias de continuer la politique athénienne d'hégémonie dans la Chersonèse (Thrace).

15. *Lucilius :* mort en 103 av. J.-C. Poète latin fréquentant le cercle de Scipion Émilien (cf. note 5), créateur de la satire (satura) romaine, en hexamètres dactyliques. Il a donné à ce genre si latin (« satura tota nostra est », « la satire est nôtre, tout entière », pourra dire Juvénal), non seulement sa forme, mais son ton libre et âpre parfois, ainsi qu'une bonne partie de ses thèmes futurs.

16. *Ce passage d'Homère* est au chant VII de l'*Iliade.*

17. Exemple souvent repris par Cicéron (on le trouve aussi dans le *De finibus*), Titus Manlius Torquatus est l'incarnation saisissante de la vertu romaine dans les premiers livres de l'*Histoire romaine* de Tite-Live. La tradition veut qu'il ait tué un Gaulois à la gigantesque stature, en duel, et qu'il l'ait dépouillé de son collier (torques en latin, d'où son surnom). Probablement faut-il voir là un mythe étiologique visant à expliquer le cognomen (surnom) de Torquatus, porté par une branche de la famille des Manlii.

18. *L'Africain :* cf. note 5.

19. *Lucius Brutus et Arruns :* Il s'agit du même Lucius Junius Brutus évoqué à la note 2. Arruns est le fils de Tarquin le Superbe, chassé par Brutus et Collatin.

20. *Hercule :* évocation ici de deux des douze travaux d'Hercule, que lui imposa la colère de Junon (il était le fils adultérin de Jupiter, et sa mère était Alcmène, la femme d'Amphytrion).

21. *Thésée et le taureau de Marathon :* La légende de Thésée présente de nombreux traits communs avec celle d'Hercule. Égée, sous l'influence de Médée, le persuada d'aller combattre ce monstre, avatar du taureau de Crète (Minotaure). Thésée le vainquit et le tua.

22. *Scipion l'Africain* (cf. note 5) lutta contre le pouvoir tribunicien de Tiberius Gracchus et sa politique agraire en faveur du petit peuple (démagogie aux yeux de Cicéron, et probablement de Scipion). Il encouragea le mécontentement des Italiens, provoqué par ces terres qu'on retirait à leurs propriétaires pour les distribuer, et provoqua un véritable orage politique (en 129).

23. Allusion personnelle à l'affaire Catilina, sans doute, où Cicéron eut effectivement, en tant que consul, le courage nécessaire pour sauver la République (63-62) et aussi à l'affaire Milon, qu'il plaida contre l'agitateur Clodius, lié au parti césarien (58-57).

24. *La colère célèbre* qui naît entre Achille et Agamemnon au chant I de l'*Iliade* a pour origine la volonté d'Agamemnon de s'approprier une captive aimée d'Achille, Briséis.

25. Cicéron sait bien de quoi il parle : il a déjà rédigé en 55 (au plus fort de l'affaire Clodius), le *De oratore (De l'orateur),* où il nous donne sa conception de l'art oratoire.

26. Pour les *trois catégories de biens,* voir Cicéron lui-même, dans la *Ve Tusculane,* et les Repères philosophiques 2 (péripatéticiens).

27. Cette *Consolation* fut écrite après la mort de sa fille Tullia, morte en février 45, (voir la préface de Cicéron, *Devant la mort,* rédigée par Pierre Grimal).

28. Cf. note 10.

29. *Le chef des Argonautes,* expédition envoyée à la conquête de la fameuse toison d'or du bélier, est Jason. C'est la fille du roi, Médée, qui, devenue amoureuse de Jason, trahira son père et lui révélera comment s'emparer de la toison, avant de partir avec lui et les Argonautes (ses compagnons, qui tirent leur nom du navire *Argo* qui les porte), confiante dans sa promesse de l'épouser. L'incendie de malheurs créé par l'amour de Médée commence avec sa propre famille : pour retarder son frère envoyé à sa poursuite, elle le tue et dépèce son corps : ainsi son père sera-t-il retardé encore par la piété filiale. Puis ce sont ses propres enfants, et ceux de Jason que Médée, plus tard, tuera, pour punir Jason de son infidélité.

30. L'enlèvement du jeune et beau *Ganymède* est une transparente allusion à l'homosexualité du « père des dieux », tel en tout cas que l'ont vu les poètes.

31. *Anacréon,* VIe siècle av. J.-C., poète lyrique grec, est célèbre pour son éloge du plaisir et des banquets. *Alcée,* né aux environs de 620 av. J.-C., poète lyrique grec de Mytilène.

32. Vers extraits de l'*Eunuque* de Térence, auteur de comédies latines et protégé de Scipion (voir note 5).

33. *Atrée* a donné lieu à de nombreuses tragédies ou poèmes lyriques, retraçant sa légende : fils de Pélops, il a pour frère cadet Thyeste. Suivant une version, il aurait voulu punir son frère Thyeste d'avoir entretenu une liaison amoureuse avec sa femme Aéropé : il tua les trois fils que Thyeste avait eus d'une Naïade, les coupa en morceaux, les fit bouillir et offrit ce prétendu festin à son frère, avant de lui révéler la vérité sur cet horrible repas.

NOTES

LE BONHEUR

(*Ve Tusculane*)

1. *L'oncle maternel de Brutus* est Caton d'Utique (Marcus Porcius), né en 95 et mort en 46 av. J.-C. Aux côtés du consul Cicéron dans l'affaire Catilina, contre César. Quand la guerre civile éclata, quoique opposé au sang, il suivit résolument Pompée. Après la défaite de Pompée à Pharsale, il rejoignit les Pompéiens en Afrique, gouverna durant la guerre Utique avec une grande modération, avant de mourir à Thapsus, lors de la défaite du quartier restant pompéien, dans un suicide resté célèbre (46). Incarnation vivante du type des vertus du « vieux Romain », mêlé de principes stoïciens.

2. Ces *âpres critiques :* préjugés du pragmatisme des Romains volontiers hostiles à la spéculation philosophique.

3. *Lycurgue,* le fondateur (d'après la tradition) de la constitution de Sparte, de son système social et militaire, de « l'ordre » spartiate.

4. *Ulysse et Nestor,* figures de sages chez Homère et leurs commentateurs : l'intelligence avisée d'Ulysse est connue, non seulement par son habileté à se tirer de situations difficiles (comme dans l'*Odyssée*), mais par sa capacité de persuasion, dans l'*Iliade* (lors de la colère entre Achille et Agamemnon, et, plus difficile, quand il s'agit d'annoncer à Hécube le sacrifice imminent de sa fille Polyxène) ; Nestor, qui vécut légendairement jusqu'à un âge avancé, est toutefois traité dans *l'Iliade* avec plus d'humour que ne veut bien le dire Cicéron : souvent donneur de conseils assez plats ou peu couronnés de succès... Mais sa sagesse devant le deuil de son fils Antiloque est peut-être la raison de l'évocation de Cicéron.

6. Allusion aux Jeux Olympiques.

7. *La Grande Grèce :* la côte méditerranéenne de l'Italie et la Sicile.

8. Différence entre géomètres et philosophes reprise par Pascal, dans *les Pensées* (cf. Préface).

9. *Xerxès,* fils de Darius et roi de Perse (486-465 av. J.-C.). Immensément riche et puissant, capable de couvrir l'Hellespont d'un pont de navires pour venir soumettre la Grèce, il fut cependant défait à Salamine par Thémistocle, et forcé à la retraite.

10. Cicéron avait remporté lors du proconsulat en Cilicie (gouvernement avec pouvoirs militaires, lorsqu'il s'agissait d'une province à pacifier), quelques victoires militaires, ce qui lui avait valu le titre d'*« imperator »,* donné par les soldats à leur général victorieux. Il séjourna à Athènes lors de son voyage de retour, en 50.

10'. Ouvrage écrit peu avant *les Tusculanes* par Cicéron.

11. Le *Gorgias* reflète le contact établi par Platon avec les Pythagoriciens de Sicile. Deux nouveaux éléments apparaissent, l'ascétisme, lié à la croyance en l'immortalité de l'âme, et l'idée d'un ordre et d'un équilibre harmonieux. Mais le *Gorgias* est une attaque violente contre les Sophistes, représentés par l'éloquent et brillant Calliclès, et le danger qu'ils faisaient courir aux valeurs morales, sapées par leur relativisme.

12. Le *Ménéxène,* dialogue où Platon met en scène (comme dans *le Phédon* et *Lysis*), cet élève de Socrate. Il assiste à la mort de Socrate dans le *Phédon*, et prend part à la conversation, entre Socrate et ses disciples, qui la précède.

12'. Les *trois catégories de biens :* voir note 21.

13. *Anticlée,* femme de Laërtes et mère d'Ulysse *(Odyssée).*

14. *Laelius* et *Cinna :* Caïus Laelius, l'ami de Scipion (cf. note 5 à la *Quatrième Tusculane*). Cinna, Lucius Cornelius Cinna, consul en 87 et chef du parti démocratique, se vit expulsé de Rome par son collègue Cneius Octavius, rentra dans la ville avec Marius, fut consul en 86, consulat qu'il transforma en dictature assortie de proscriptions sévères et de dures répressions.

Parmi les morts cités, *Publius Crassus* est le fils du triumvir, *Lucius Julius Caesar Strabo* fut consul en 90, l'orateur *Antoine,* évoqué par Cicéron dans son *Brutus* (histoire de l'éloquence latine), fut l'un de ses maîtres, *Caïus Julius Caesar Strabo* enfin, orateur et poète tragique.

15. *Marius et Catulus : Marius,* « homme nouveau » né en 157 av. J.-C. d'une famille équestre des environs d'Arpinum (comme Cicéron), mena à bien, après Métellus qu'il fit démettre de ses fonctions, la guerre contre Jugurtha. Consul sans interruption (réélu) entre 104 et 101, il se forma une armée fidèle, mena plusieurs campagnes importantes contre les Teutons (102) et les Cimbres (101), avec son collègue Catulus. Il eut alors une immense influence, soutenu par le clan des chevaliers et par la plèbe. Mais il eut à faire face à l'hostilité des conservateurs.

Puis, Sylla devenu consul après sa victoire dans la Guerre sociale (sur les alliés révoltés de Rome), en 88, le début d'une guerre civile s'installe : Marius en effet fomente une émeute contre Sylla, qui doit s'enfuir, mais revient à Rome pour proscrire à son tour Marius. Retournement de situation en 87, mais Marius meurt en 86.

Catulus fut d'abord traité avec une grande élégance par Marius, qui vint au secours de son collègue défait sur le Pô, et « partagea avec lui son triomphe ». Plus tard, poursuivi par la colère de Marius, à qui il s'était opposé, il dut se suicider. Homme cultivé, intéressé par la philosophie et la littérature, il fut un lien entre les amis de Scipion et la génération de Cicéron, qui l'admirait beaucoup et en fait un personnage du *De Oratore (Sur l'Orateur).*

16. Formule qui est l'équivalent d'un ordre de suicide à Rome.

17. *« Mieux vaut subir l'injustice que la commettre » :* la formule est de Socrate.

18. *Questeur* à Lilybée, en 75 av. J.-C. Le questeur, chargé des finances, peut être le trésorier d'une province.

19. L'un des ouvrages les plus célèbres d'Archimède s'intitulait *La sphère et le cylindre.*

20. *Les trois parties de la philosophie* pour les Anciens, la physique (et métaphysique), l'éthique et la dialectique (voir Préface).

21. *Les trois catégories de biens :* voir Repères philosophiques II.

22. Anacharsis : voir Repères philosophiques II (glossaire).

22'. *Dion :* voir Repères philosophiques, glossaire (3).

22". *Aristide le Juste :* Homme d'État et stratège athénien au Ve siècle av. J.-C. D'une grande valeur militaire, et d'une grande intégrité, son ostracisme semble avoir été dû à sa rivalité avec Thémistocle.

23. *Carnéade :* sur l'art dialectique de Carnéade, voir Repères philosophiques 3 (glossaire).

REPÈRE PHILOSOPHIQUE I[1]

Tableau des écoles philosophiques convoquées dans les IVe et Ve Tusculanes

PRÉSOCRATIQUES (VII-Ve s. av. J.-C.)

Éphésiens	*Éléates*	*Pythagoriciens*	
Héraclite	Xénophane	Pythagore	Anaxagore (Ve s.)
	Zénon d'Elée		Empédocle (Ve s.)
			Démocrite (V^{e}-IVe s.)

LES SOPHISTES (Ve s. av. J.-C.)

Gorgias Calliclès

SOCRATE (470-389)

LES GRANDS SOCRATIQUES

L'Académie (ou ancienne Académie)	*Le Lycée : péripatéticiens*
Platon (V^{e}-IVe s.)	Aristote (IVe s.)
Speusippe (V^{e}-IVe s.)	
Xénocrate (IVe s.)	
Polémon (IVe s.)	
La Nouvelle Académie	
Arcésilas (IVe-IIIe s.)	Théophraste (IVe-IIIe s.)
Carnéade (IIIe-Ier s.)	
Antiochus d'Ascalon (Ier s.)	Critolaüs (IIe s.)

LES PETITS SOCRATIQUES

Les mégariques	*Les cyniques*	*Les cyrénaïques*
Diodore Cronos	Diogène (IVe s.)	Aristippe
		Théodore (IVe-IIIe s.)
		Antipater
Les sceptiques	*Les stoïciens*	*Les épicuriens*
Pyrrhon (IVe-IIIe s.)	Zénon de Cittium (IVe-IIIe s.)	Épicure (IVe-IIIe s.)
Timon		Métrodore
	Cléanthe	
	Chrysippe (IIIe s.)	Diodote
	Diogène (IIIe-IIe s.)	

1. Les noms cités sont ceux des fondateurs ou des chefs de l'école.

REPÈRES PHILOSOPHIQUES II

Présentation rapide des thèses des écoles citées dans leur rapport avec les IVe et Ve Tusculanes

Le pythagorisme. L'importance accordée à la métaphysique par le biais de la physique, l'idée morale permettant d'échapper au cycle des réincarnations, le rôle de la musique enfin, explique la séduction exercée sur le spiritualisme cicéronien par l'école (voir Repères n° 3, glossaire, Pythagore).

Les sophistes : voir note 11, à propos du *Gorgias* de Platon, à la *Ve Tusculane.*

Socrate : voir Repères philosophiques n° 3 (glossaire, Socrate).

L'Académie : Ce qui séduit Cicéron dans l'école fondée par Platon, c'est d'abord :

1. *La lutte menée fermement contre le relativisme des sophistes.* Influencé lointainement par Héraclite (célèbre pour sa philosophie du devenir, et sa vision d'un monde où « tout s'écoule ») Protagoras en tire une leçon de relativisme : l'essence des choses varie avec l'individu, et l'homme devient « la mesure de toutes choses ». Parler de Vrai, de Bien en soi, ne présente donc plus de sens.

Gorgias en tirera des conséquences cyniques : ce qui est, ce sont des apparences plus que des réalités ; l'homme doit donc apprendre l'art d'imposer aux autres les apparences de son choix. C'est la rhétorique pervertie.

Platon, avec Socrate, va donc tenter de retrouver une unité de mesure : « La divinité doit être la mesure de toutes choses, et beaucoup plus, à mon avis, que ne l'est, prétend-on, l'homme. » *(Lois)* Le Bien redevient l'« Un ».

2. Une relecture de la *« dialectique » :* L'art de s'occuper des rapports en fonction de la juste mesure. Elle comprend *deux moments :* une dialectique *ascendante,* qui s'élève d'idée en idée jusqu'à l'Idée en soi, c'est-à-dire le Bien ; et une dialectique *descendante,* cherchant à développer , par la puissance de la raison, les conséquences de ce principe premier, et à reconstruire la série des idées (logiquement, sans recours à l'expérience). Ainsi, à l'avance, les « propositions logiques » des stoïciens citées par Cicéron dans la *IVe Tusculane,* sont-elles aimées de Socrate, qui se dit, dans le *Phèdre,* « fort amoureux des divisions et des rassemblements, permettant d'être capable de parler et de penser ».

3. *Enfin,* dans la crise que vit l'État romain, et qui affecte si durement Cicéron, la *volonté politique de Platon* de penser une cité qui soit une incarnation de la justice ne peut que le séduire. Politique dirigée par une exigence éthique : la cité doit être modelée sur l'idée de Justice. Que les philosophes soient rois ou que les rois soient philosophes.

La Nouvelle Académie. A partir d'*Arcésilas,* l'école s'*oriente vers un certain scepticisme* (voir aussi Repère n° 3, glossaire, Arcésilas, Carnéade). Arcésilas prend la tête de l'Académie à l'époque où Zénon de Cittium, fondateur du stoïcisme, et Épicure enseignent à Athènes. Arcésilas s'oppose à Zénon sur la question de la certitude et de la science : pour lui on ne peut que suspendre son jugement dans une époché, car ni les sens ni la raison ne permettent d'atteindre la vérité.

Quelles seront *les conséquences en morale ?* Arcésilas reconnaît la réalité du problème, et donne comme critère de l'action le raisonnable – des actions qui sont cohérentes entre elles, qui forment un tout que l'on peut justifier. Le scepticisme n'est donc pas total.

Carnéade, plus virulent dans la lutte contre le dogmatisme stoïcien, conseille de s'en tenir au « probable ». Toute perception est incertaine, nos sens sont trompeurs. Nous ne pouvons donner notre assentiment qu'à du probable et de l'incertain.

A l'argument stoïcien selon lequel c'est le rôle de la dialectique de nous apprendre à discerner le faux du vrai, Carnéade répond : « Trois, est-ce peu ou beaucoup ? Chrysippe dit que c'est peu, mais si j'ajoute un, quatre, sera-ce beaucoup ? Quand passons-nous de peu à beaucoup ? A partir de quel moment se forme-t-il ce qu'on peut appeler un « tas » ?)

Il refuse également le finalisme providentialiste des stoïciens. Comme Lucrèce, épicurien, l'argument du mal dans le monde lui paraît décisif contre l'idée d'une Providence.

Mais ce sceptique est aussi un défenseur de la liberté humaine, contre la perte que celle-ci que lui semble impliquer le « fatum », le « destin » stoïcien.

Le Lycée. Les péripatéticiens. Logique, Métaphysique, Éthique, Politique, Aristote a tout abordé.

La philosophie d'Aristote peut être présentée comme une philosophie qui s'efforce de comprendre *le changement* (sur le plan physique, métaphysique, individuel – statut de l'individu dans un monde soumis au changement). Ce qui le conduit à remonter à un Dieu moteur suprême, radicalement différent des vivants, mus, soumis, eux, au changement. L'être meut toutes choses par l'idée de perfection, mais il est ce par quoi les autres ne sont pas. Radicale séparation ontologique entre les étants et l'Être.

Le grand travail d'Aristote a porté sur le langage, dont il dégage la structure en édictant les règles formelles du discours cohérent (*la Logique*), et en découvrant les « catégories » permettant de structurer l'expérience.

Ainsi Aristote est-il travaillé par deux tendances contraires, l'une qui lui fait voir le réel dans l'individu concret (à la différence de Platon), et l'autre qui, héritée de Platon, le rattache à la stabilité d'une essence une et identique à elle-même.

L'*éthique aristotélicienne* peut sous bien des aspects s'accorder avec les idées de Cicéron : la vertu ne peut être une passion, elle est une disposition relevant d'une délibération volontaire, dont la cause est l'intelligence humaine. Une action vertueuse est en outre marquée par la mesure, le juste milieu, effet de la prudence.

Quant au plaisir, il n'est en soi ni un bien ni un mal : il accompagne toute action qui s'accomplit de façon parfaite, se surajoutant à l'acte comme la beauté vient parer la jeunesse. Il y a donc diverses sortes de plaisirs : le plaisir de l'intempérant n'est pas de cet ordre ; seul l'homme vertueux connaît le véritable plaisir.

Les sceptiques : voir Repère 3 (glossaire) Pyrrhon.

Les stoïciens : Abondamment représentés dans ces *Tusculanes*, nous ne rappellerons que l'essentiel.

1. La logique stoïcienne

Le réalisme stoïcien marque leur idée de la représentation : l'âme dans la représentation est affectée par l'effet de la sensation (visuelle, par exemple). Pour Chrysippe, cette représentation comporte une modification de l'âme : déploiement de l'activité interne de l'âme à l'occasion d'une sensation. Mais certains stoïciens donnent à l'âme un rôle plus passif dans la représentation. Cicéron, lui, suit Chrysippe sur ce plan. Toute représentation, toute idée, impliquent un assentiment « même imperceptible », dit Cicéron, exposant la pensée stoïcienne, ici celle de Chrysippe.

La dialectique est l'œuvre de Chrysippe, essentiellement. « Vertu qui contient toutes les autres » (voir Préface).

2. La physique

Le monde est composé de deux principes, l'un passif, la matière, l'autre actif, la raison ou logos, agissant dans la matière, et qui se confond avec Dieu. Monde d'individus, monde du plein qui ignore le vide, le stoïcisme pose l'identité de Dieu et du cosmos : le tout est en quelque sorte en sympathie avec lui-même, et il existe une sympathie universelle des choses et des êtres. Conception à portée métaphysique et éthique : finalisme d'une Providence bienveillante, et portée éthique, car la vie du sage se mettra en harmonie, restera en sympathie avec l'univers auquel elle participe. Le sage est citoyen du monde : traduction socio-politique de la sympathie universelle.

3. La morale

Le souverain bien est donc de rester en harmonie avec la nature, et le bonheur est un cours harmonieux de la vie. Une assimilation entre le Bien et l'utile existe, car l'utile, c'est ce qui va dans le sens de la vie. Dans le sens du destin : c'est-à-dire de la volonté divine. L'utile n'est donc pas une valeur qui prend l'homme pour critère : nul pragmatisme ici.

Les stoïciens opèrent des distinctions entre les choses : certaines sont des biens (la justice, la pensée, le courage) ; d'autres sont des maux (l'irréflexion, la lâcheté, l'injustice) ; d'autres encore sont indifférentes, n'étant ni utiles ni nuisibles (la vie, la mort, la santé, la maladie, le plaisir, la douleur, etc.) : ce qui a pu apparaître comme des « paradoxes ».

C'est là le « dogmatisme » auquel Cicéron, pas plus que Carnéade, ne peut se résoudre tout à fait : la douleur, la mort, le plaisir, sont pris au sérieux, au moins à titre d'objection au bonheur du sage.

Les épicuriens. Épicure, soucieux moins de théorie que de pratique, de conduite humaine et du bonheur des hommes, a prêté le flanc à des critiques comme scientifique et théoricien dans l'Antiquité. Reste qu'avec Démocrite, il sut deviner l'immense idée que contenait l'atomisme, et celle de l'univers infini, l'existence du vide, la pluralité des mondes, l'évolution des espèces. Ce n'est pas rien, pour un homme qui n'avait pas, au dire des amoureux de la dialectique, l'art stoïcien des définitions !

Soucieux de préserver la liberté humaine, il introduit, dans le mouvement des atomes, le fameux clinamen, si bien décrit par Lucrèce dans *La Nature,* déviation imperceptible par quoi les atomes s'écartent de la ligne prévue, et qui, permettant leur rencontre, permet la création de congrégats, c'est-à-dire l'apparition de la matière organisée dans l'univers et dans le vide. Le monde a donc connu son heure de naissance et connaîtra le jour de sa mort, nous dit Lucrèce. Toute chose, étant composée d'atomes, est matérielle et soumise à la loi naturelle de la naissance, de la croissance et de la corruption.

La liberté humaine est précieuse, qui va permettre d'assurer le bonheur de l'homme. Car le plaisir, Cicéron le rappelle avec objectivité, n'est pas n'importe quel plaisir pour Épicure : non qu'il relève d'un critère d'appréciation morale en soi. Mais il n'est vrai plaisir que s'il contribue au bonheur. Ainsi tout plaisir risquant de provoquer maladie ou angoisse n'est-il pas à prendre, mais à éviter. Le plaisir du sage sera donc dans la modération, et même, pour Épicure, dans la frugalité. Le sage peut, là encore, être heureux.

Le but étant de permettre à l'homme de se libérer de son pire ennemi : la souffrance. Et la pire souffrance est l'angoisse. Il faut donc nous libérer de la crainte de la mort ; chose facile au matérialisme épicurien : l'âme étant matière, naissant et mourant avec le corps qui la contient et qu'elle anime, à peine celle-ci évanouie, nous ne sentons plus rien ; comment ce qui est redevenu insensible, c'est-à-dire du non-vivant, pourrait-il souffrir de n'être plus, alors qu'il n'a plus même la mémoire d'avoir été ?

La tranquillité, la paix, seront assurées enfin par une vie retirée, entre amis choisis, à l'écart des tempêtes et des soucis de la politique. Et cela, en dépit des déceptions cruelles qui l'affectent, Cicéron est trop romain, a trop le souci du devoir social et politique pour l'accepter.

REPÈRES PHILOSOPHIQUES III

(Glossaire)

Anaxagore (env. 500-428 av. J.-C.) : exemple ici de la joie du philosophe à se livrer à ses recherches. Venu de Clazomènes à Athènes, probablement avec l'armée de Xerxès, il y resta, et y devint le professeur et l'ami de Périclès. Accusé d'impiété, il s'enfuit à Lampsaque, où il fonda une école et obtint l'admiration générale. Comme Empédocle, il refuse avec les Éléates l'idée d'un « devenir » et du vide, et va jusqu'à soutenir qu'en son commencement le monde était un « mixte » contenant les semences de toute substance naturelle qualitativement distincte, organique et inorganique ; Aristote rendit célèbre cette théorie en lui donnant le nom d'« homéomérie » (contre laquelle Lucrèce part en guerre, car cette théorie combat l'atomisme.) Pas de devenir en ceci que la croissance d'une substance développe des germes qui y sont d'emblée contenus, sans passage à un changement qualitatif. En outre, dans le processus qui a conduit du tout aux substances distinctes de la nature, cette unité mixte du tout ne s'est pas perdu : il reste, dans chaque chose, une quantité infinitésimale de toutes les autres : « en toute chose il y a une portion de toute chose excepté l'esprit ».

Antiochus (env. 130-68 av. J.-C.) : contemporain de Cicéron qui assista à ses cours lors de son séjour à Athènes en 79-78. Il était alors à la tête de l'Académie. Remarquable par sa volonté de lutter contre le scepticisme de la Moyenne et Nouvelle Académie, ce pourquoi peut-être il est cher à Cicéron. Doctrine par ailleurs éclectique, qui réunit l'essentiel de l'Académie, des péripatéticiens et du stoïcisme (il avait été élève d'un stoïcien).

Antipater (le Cyrénaïque) : à ne pas confondre avec le chef de l'école stoïcienne, portant le même nom, et qui succéda à Diogène à la tête de celle-ci. Il s'agit ici (dans ces *Tusculanes*), d'un philosophe de l'école cyrénaïque, accordant donc au plaisir des sens un rôle essentiel (cf. repères philosophiques 1 et 2).

Antisthène (445-360 av. J.-C.) : fondateur de l'école cynique, l'un des plus fidèles disciples de Socrate. Pour lui, le bonheur est fondé sur la vertu, laquelle s'appuie sur la connaissance et peut donc s'enseigner. Connaître ce qu'est la vertu, c'est devenir incapable du mal. Ses écrits comprennent de nombreux commentaires d'Homère (réflexions morales sur les personnages).

Arcésilas (316-242 av. J.-C.) : à la tête de l'Académie au milieu du IIIe siècle, c'est lui qui lui donna son tour sceptique, qu'elle suivit jusqu'à Antiochus d'Ascalon (voir plus haut). Élève de Théophraste. Il garda de la dialectique socratique l'idée essentielle de l'aporie : plaider l'un et l'autre point de vue sans aboutir à une conclusion, pour amener le disciple à une prudente *époché* (suspension du jugement). On voit pourquoi Cicéron polémique contre lui. Toutefois, à la différence de Pyrrhon, l'époché n'a pas pour lui pour fonction essentielle d'assurer l'imperturbabilité du sage ; elle est une authentique attitude philosophique, qu'il semblait croire être celle même de Platon.

Archytas (milieu du IVe s. av. J.-C.) : en philosophie, un pythagoricien. Mathématicien réputé dans l'Antiquité, auprès de qui se rendit Platon. Résolut différents problèmes de mécanique, de physique et de géométrie, d'harmonie musicale enfin.

Ariston de Chio (env. 320-250 av. J.-C.) : élève de Zénon de Cittium, qui fonda une branche dissidente de l'école stoïcienne, et qui était vers 250 le philosophe le plus influent d'Athènes, à l'exception Arcésilas. Il représente un retour aux vues des cyniques, avec son peu d'intérêt pour la logique ou la physique. En morale, il rejette la distinction de Zénon entre les « préférables » et « non-préférables », les considérant tous deux comme des « choses indifférentes », le but lui semblant être de parvenir à une complète indifférence à cet égard.

Aristote (385-322 av. J.-C.) : disciple de Platon, fondateur de la logique, du classement du savoir (voir repères philosophiques 1 et 2).

Aristus : contemporain de Cicéron et frère d'Antiochus (voir ce nom).

Caïus Amafinius : contemporain de Cicéron. Le vulgarisateur de l'épicurisme à Rome.

Calliphon (env. milieu IIIe s.) : ce que Cicéron nous en dit est tout ce que nous en savons ; le bien suprême pour lui résidait dans l'union du plaisir et de la vertu.

Carnéade (214-129 av. J.-C.) : académicien, qui prit la tête de l'Académie en 155, date à laquelle, comme nous le rappelle Cicéron, il fut envoyé à Rome (ambassade politique) avec le péripatéticien Critolaüs et le stoïcien Diogène de Babylone. Sans qu'il ait publié, ses vues nous ont été transmises par ses disciples. Il fut à l'origine de ce qu'on a appelé la Nouvelle Académie : la saisie de la réalité est toujours « représentation » subjective (*phantasia,* en grec) : ce dont nous sommes avertis, c'est toujours d'un événement mental. Ces représentations peuvent être objectivement vraies ou fausses, mais nous ne pouvons savoir que celles qui sont vraies le sont véritablement. Il faut donc réserver son jugement et ne jamais donner son assentiment à ces représentations. Mais une représentation peut être persuasive, ou non ; la première est donc probablement juste. Néanmoins, c'était là l'ouverture vers un scepticisme contre lequel lutta Antiochus (voir ce nom).

Carnéade est aussi connu pour son art de la dialectique, de la polémique, contre toute espèce de dogmatisme, notamment stoïcien.

Chrysippe (280-207 av. J.-C.) : élève d'Arcésilas, il prit ensuite la tête de l'Académie. Grand logicien et dialecticien, il mit ces talents au service d'une lutte intensive contre le scepticisme.

Successeur de Cléanthe à la tête du Portique, il avait commencé par être l'élève d'Arcésilas, alors à la tête de l'Académie : c'est de lui qu'il apprit la logique et la dialectique redoutables qu'il allait retourner contre ce maître, pourfendant le scepticisme de la Nouvelle Académie. Son audience fut telle qu'on identifia pratiquement sa philosophie avec l'orthodoxie stoïcienne.

Critolaüs (IIe s. av. J.-C.) : dirige l'école péripatéticienne ; probablement contemporain de Carnéade l'académicien et de Diogène le stoïcien. Il défendit l'idée aristotélicienne d'une éternité du monde contre l'idée du feu stoïcien qui doit périodiquement régénérer le monde, et, en éthique, croit que le bien suprême est un composé de trois types de biens (biens de l'âme, du corps et biens extérieurs).

Démocrite d'Abdère (né vers 460 av. J.-C. - mort à date inconnue) : philosophe présocratique et inventeur de l'atomisme, cité pour cela avec vénération par les Épicuriens (Lucrèce entre autres). Il défend l'idée d'un univers infini et périssable, et la théorie atomiste de la matière, opposée au cosmos éternel et fini d'Aristote et à toute téléologie. Il fait partie de ces philosophes « grands voyageurs » chantés par Cicéron : la tradition veut qu'il ait été en Égypte apprendre la géométrie, en Perse, aux bords de la mer Rouge, en Inde, en Éthiopie, à Athènes, aussi – « mais personne ne m'y reconnut » – phrase trop fièrement prononcée, ce qui lui vaut les sarcasmes de Cicéron.

Sur le plan éthique, il place la joie (idéal) dans la mesure et la sagesse, même si le plaisir est pour lui le critère de l'action droite, et affirme l'importance qu'il y a à ne pas laisser la crainte de la mort gâcher la vie.

Dicéarque (360-290 av. J.-C.) : élève d'Aristote et contemporain de Théophraste, il vécut essentiellement à Sparte. auteur cultivé, inventif, varié, il suscite l'admiration de Cicéron, en dépit du fait que ce péripatéticien ne croit pas à l'immortalité de l'âme et que tout soit matière à ses yeux.

Diodore Cronos (IVᵉ s.) : l'un des maîtres de la dialectique mégarique (voir repères philosophiques 1). Parmi ses élèves, on trouve Zénon de Cittium et Arcésilas. Il joua un rôle considérable dans les controverses autour de la liberté. Lui-même reprenait les thèses de Zénon d'Élée démontrant l'impossibilité logique du mouvement.

Diodote (mort aux environs de 60 av. J.-C.) : stoïcien, professeur de Cicéron vers 85, il vécut un peu plus tard chez lui, et fit de Cicéron l'héritier de ses biens.

Diogène le Cynique (env. 400-325 av. J.-C.) : fondateur de l'école cynique. Il vécut à Athènes, en exil, une vie d'une grande pauvreté. Ses principes étaient les suivants : le bonheur réside uniquement dans la satisfaction des besoins naturels, et dans une satisfaction obtenue par les moyens simples et les moins chers. Ce qui est naturel n'étant ni indécent ni malhonnête, ces besoins doivent être satisfaits en public. Les conventions, contraires à ces principes, ne sont pas naturelles et n'ont pas à être observées.

De ces principes résultent, dans la vie pratique, la nécessité d'une autonomie complète de l'individu, d'un entraînement physique à l'endurance et à la sobriété, de l'absence de honte, de respect humain. C'est ce dernier point qui a fait donner aux cyniques le surnom de « chiens » (kuôn en grec) d'où dérive l'appellation de la secte.

Diogène le stoïcien (env. 240-152 av. J.-C.) : élève de Chrysippe, il succéda à Zénon de Tarse à la tête de l'école stoïcienne. Son élève le plus célèbre fut Panétius, qui eut une grande influence à Rome, et sur Cicéron.

Dion (408-354 av. J.-C.) : beau-frère et gendre du tyran Denys de Sicile, il avait à la cour une position influente, qu'il mit au service de Platon quand celui-ci vint visiter la Sicile en 389. Il dut plus tard s'exiler à Athènes, où il fut associé aux travaux de l'Académie.

Épicure (341-270 av. J.-C.) : né à Samos, il s'installa, après divers voyages, à Athènes en 307, où la maison qu'il acquit, avec son « Jardin », donna son nom à son école. Pour sa philosophie, dont le poème de Lucrèce – *La Nature des choses* – est le meilleur compte-rendu, voir repères philosophiques 1 et 2.

Héraclide du Pont (IVe s. av. J.-C.) : académicien, élève de Platon mais aussi de Speusippe, il a suivi enfin les cours d'Aristote. Il remplaça temporairement Platon à la tête de l'Académie lors du troisième voyage de celui-ci en Sicile (3616360). Ses intérêts sont variés, caractéristique du IVe siècle : éthique, politique, physique, histoire et littérature, ce qu'apprécie Cicéron. Ses écrits sont célèbres pour la qualité séduisante de leurs anecdotes et de leurs mythes : encore un trait bien cicéronien. Il est sans doute aussi responsable, par son évocation de Pythagore, de la couleur académicienne de la légende de Pythagore.

Hérillus (dates inconnues) : élève de Zénon de Cittium, qui fonda une secte stoïcienne dissidente. Il semble avoir considéré la connaissance comme la fin suprême, la vie moralement vertueuse n'étant qu'une fin secondaire, pouvant d'ailleurs varier dans ses choix selon les circonstances et les individus. Quant aux « biens » de la vie, mises à part la connaissance et la vertu, ils sont strictement indifférents. Sa secte n'a pas survécu après 200 : « partie en fumée », dit Cicéron.

Hiéronyme de Rhodes (dates inconnues) : péripatéticien, il quitta bientôt le groupe qui déclinait sous la direction de Lycon, et fonda une école éclectique. Il vécut à Athènes aux environs de 290-230.

Métrodore de Lampsaque (320-277 av. J.-C.) : disciple et ami d'Épicure, chef de l'école après celui-ci, à qui Épicure dédia deux traités, sans compter de nombreuses lettres. Épicure toutefois ne le reconnaissait pas pour un penseur original, mais le tenait en grand mérite, comme faisant partie de ceux qui étaient capables, sous la direction d'autrui, d'accéder à la vérité. Aussi ordonna-t-il que la mémoire de Métrodore soit célébrée, en même temps que la sienne, le 20 de chaque mois.

Platon (429-347 av. J.-C.) : d'une grande famille athénienne, disciple de Socrate dont il nous a transmis la philosophie. Il quitta Athènes en 399 après la condamnation à mort de Socrate, et, après une retraite à Mégare avec d'autres Socratiques, voyagea pendant une douzaine d'années, entre autres en Égypte, en Italie et en Sicile. C'est là qu'il se lia d'amitié avec Dion (voir ce nom), et avec le pythagoricien Archytas de Tarente. Exemple de courage, il fut capturé comme esclave probablement sur la route du retour. Puis, libéré, et de retour à Athènes, il donna des cours réguliers près du bois de l'Académus (d'où le nom d'Académie donné à l'école platonicienne). Pour l'apport de sa philosophie tel qu'il apparaît dans ces *Tusculanes,* voir repères philosophiques (2).

Polémon d'Athènes (IVe s. av. J.-C.) : dirigea l'Académie après la mort de Xénocrate en 313. C'est Xénocrate qui l'avait converti à la philosophie, et il resta son disciple fidèle et zélé. Sa contribution à la philosophie nous est inconnue. Diogène Laërce nous dit cependant qu'il attachait plus d'importance à la conduite de la vie qu'à la dialectique.

Pyrrhon (env. 365-275 av. J.-C.) : fondateur du scepticisme grec. Nous ne connaissons sa philosophie que par ce qu'en ont fait ses disciples : le scepticisme de l'école pyrrhonienne diffère du scepticisme de la Nouvelle Académie en ce que celui-ci était métaphysique et polémique (visant les stoïciens et les épicuriens) tandis que le scepticisme pyrrhonien était une attitude face à la vie ; le but final étant moins une *épochè* théorique qu'une ataraxie (état dépourvu de trouble) pratique.

Pythagore (VIe-Ve s. av. J.-C.) : sa légende commence tôt, puisqu'il fut identifié à Crotone avec l'Apollon hyperboréen. Probablement n'écrivit-il pas (encore qu'on lui ait attribué certains ouvrages). Mais nous savons qu'il croyait en la métempsychose : quand le corps meurt, l'âme prend son envol vers les sphères célestes, avant de revenir animer la prison d'un nouveau corps. Cycle de réincarnations dans un homme, un animal, ou une plante, dont une vie pure, dévouée à Apollon, pouvait aider à sortir. L'esprit ne peut être purifié que par l'étude. Ce qui l'amène à proposer une vie où la recherche scientifique (nature, cosmos) tient une grande place.

On lui attribue la découverte des intervalles mathématiques de l'échelle musicale, ce qui l'amena à une interprétation du cosmos par le nombre. L'école pythagoricienne développa une dévotion pour les mathématiques, dont la dimension est ici morale et religieuse (harmonie des sphères).

Speusippe (407-339 av. J.-C.) : ce philosophe athénien était aussi le neveu de Platon, qu'il accompagna dans son dernier voyage en Sicile, et à qui il succéda à la tête de l'Académie de 347 à 339. Logicien surtout, c'est lui qui marque la véritable entrée en force de la logique dans l'école. Sur le plan éthique, il pense que le plaisir n'est ni bon ni mauvais en soi, et que la vertu n'existe que dans les derniers stades du développement de l'individu, non dans ses débuts. Il doit sans doute ainsi avoir exercé une réelle influence sur Aristote et ses successeurs, même s'il fut la cause du départ de celui-ci de l'Académie (Aristote répugnant à la prédominance des mathématiques introduite par Speusippe).

Sphaerus (vers 285 ou 265- env. 221 av. J.-C.) : élève de Zénon de Cittium, puis de Cléanthe, ami du réformateur de Sparte Cléomènes. Écrits surtout moraux et politiques. Ses définitions étaient très admirés par les stoïciens.

Socrate (469-399 av. J.-C.) : doit-on présenter Socrate ? Rappelons que dans ces *Tusculanes,* ce « prince de la philosophie », maître de Platon, est le premier philosophe à avoir fait descendre la philosophie du ciel sur la terre – à avoir étendu son domaine à l'éthique, et à la réflexion politique (« il a logé la philosophie dans la cité »). Incarnation même de la foi en la capacité de la raison à combattre le mal, à assurer la vie vertueuse (« nul ne fait le mal volontairement »), à pratiquer jusqu'à la mort incluse la maxime ici citée selon laquelle « mieux vaut subir l'injustice que la commettre » (ce pourquoi, en particulier, Socrate refusa la fuite que pouvaient lui assurer ses influents amis, parce qu'il eût été « injuste » de transgresser les lois d'Athènes, qui l'avaient nourri et éduqué).

Il est à l'origine des différentes écoles philosophiques qui lui sont postérieures (cf. repères philosophiques 1) : on voit combien son influence fut immense.

Théophraste (env. 372-285 av. J.-C.) : péripatéticien désigné par Aristote pour lui succéder à la tête du Lycée. Célèbre pour ses **Caractères,** trente brèves descriptions pittoresques de types ou « caractères » qui sont autant de déviations, de perversions d'une conduite normale ; l'œuvre a eu une influence durable (cf. La Bruyère). Il diffère sur quelques points d'Aristote, réagissant surtout contre l'excès de téléologie dans les processus naturels. Fort célèbre, il marque Cicéron, Sénèque, Plutarque, et son influence s'étendra aux premiers siècles du christianisme.

Timon de Phlius (env. 320-230 av. J.-C.) : suivant successivement les cours des écoles mégariques, pyrrhonienne, avant de devenir un sophiste.

Xénocrate (IVᵉ s. av. J.-C.) : disciple de Platon, à la tête de l'Académie de 339 à 314. Les contemporains le présentent comme un homme d'une impressionnante personnalité, offrant un mélange de dignité austère et de bienveillance. Respecté à Athènes, il fut envoyé par ses concitoyens comme ambassadeur auprès d'Antipater en 322 (général macédonien qui après avoir maîtrisé une rébellion athénienne, étolienne et thessalienne, imposa une forme encore plus oligarchique de gouvernement). Du titre de ses ouvrages, nous gardons l'impression que son principal intérêt concernait l'éthique, entendue davantage dans son aspect pratique – conduite de la vie – que comme analyse théorique, direction suivie par ses successeurs immédiats à l'Académie.

Zénon de Cittium (335-263 av. J.-C.) : fondateur de l'école stoïcienne. Il vint à Athènes en 313, où il écouta d'abord les leçons de l'Académie ; mais l'influence la plus durable fut exercée sur lui par les cyniques, dont ses premiers écrits portent la marque, dit la tradition. Ce n'est qu'ensuite qu'il développa son propre système. A la différence de la plupart des socratiques alors, il organisa un système philosophique complet – logique et théorie de la connaissance, physique et métaphysique, éthique. Seule la vertu est un bien, seule la faiblesse morale est un mal. Tout le reste, y compris la pauvreté, la douleur, est indifférent. Personne ne pouvant priver un sage de la vertu, le sage, toujours en possession du vrai bien, est donc toujours heureux.

TABLE

Préface. – *RETOURNER LE NÉGATIF CONTRE LUI-MÊME* . 7

IVe Tusculane. – GUÉRIR LES PASSIONS 21

Synopsis de la IVe Tusculane 22
Texte de la IVe Tusculane 23

Ve Tusculane. – LE BONHEUR 73

Synopsis de la Ve Tusculane 74
Texte de la Ve Tusculane 75

Notes 135

Notes de la IVe Tusculane 135
Notes de la Ve Tusculane 140

Repères philosophiques 144

Repères philosophiques I (Tableau des écoles philosophiques) 144
Repères philosophiques II (Présentation des thèses des écoles) 145
Repères philosophiques III (Glossaire 150

ACHEVÉ D'IMPRIMER
EN JUILLET 2011
SUR LES PRESSES DE
CORLET IMPRIMEUR
À CONDÉ-SUR-NOIREAU
C A L V A D O S

Numéro d'édition : 0293
Numéro d'impression : 139566
Dépôt légal : avril 2005
Imprimé en France